우울증의 선물

우울증의
선물

강순경 지음

독자에게 드리는 선물

독자 여러분 안녕하십니까?

인간의 수명은 2000년도에 들어서면서 늘어나기 시작하여 1990년 한국 남성의 평균 수명이 67.2세, 여성은 75.5세였던 것이 2014년에는 평균 수명이 100세까지 연장되는 것으로 보고 있습니다. 이제 100세 시대는 누구나 서슴지 않고 말하게 되었으나 아무리 의학 연구가 발전되어도 100세에 발병하는 노년의 건강 문제를 따르지 못하고 있는 것이 현실입니다. 이제 100세 시대에는 좋든 싫든 '무병장수'가 아니라 '유병 장수'의 시대를 살아가야 하는 문제를 안고 있습니다.

100세 시대의 노년의 질병에는 육체의 병도 문제지만 더 큰 고통은 마음에서 오는 질병입니다. 우리나라의 65세 이상의 인구수는 610만 명으로 전체 인구의 12%에 이르며 독거 노인의 비율은 23%에 이르고 있다고 합니다. 우리의 고령화 속도는 세계 1위라고 하며 자살율도 OECD 기준으로 1위라고 합니다.

우울증, 이 병은 고독과 외로움과 절망이 낳은 현대병이라고 할 수 있습니다. 통계에 의하면 사람이 우울증에 걸릴 확률은 10~25%(남녀 합친 비율)가 되며, 2010년 이후에는 비용이 가장 많이 지출되는 질환이 될 것이라고 합니다. 필자도 최근에 우울증을 앓은 경험이 있습니다. 처음에는 무슨 병인지도 모르고 고통 속에서 거의 사투를 벌이다시피 하면서 마침내 희망의 탈출구를 빠져 나오게 되었습니다.

일단 건강을 되찾고 나니 이상하게도 병을 극복하였다는 '희열'같은 감정을 느꼈으며 앞으로는 어떤 고난도 헤쳐 나갈 수 있다는 '용기'를 갖게 되었을 뿐만 아니라 혹시 유사한 고통을 당하고 계시는 분들을 돕고 싶은 간절한 마음이 생겨나게 되었습니다. 나중에 알고 보니 이 분야의 저명한 학자 한 분도 우울증은 두려워하지 말고 숨기려 하지 말고 담담하게 그 터널을 통과하라고 충고하였으며 그렇게 하면 '용기'라는 선물을 갖게 된다고 조언하는 것을 알게 되어 큰 동지를 얻은 기분이 되었습니다.

필자는 혹시 유사한 병으로 고통받는 우리 노년들에게 이 작은 책자를 통하여 나의 경험을 들려 드림으로써 위로를 전하고자 합니다. 독자 여러분과 '용기' 있는 노년 생활을 함께 하기를 기원합니다.

2016년 4월
저자 강순경 드림

차례

독자에게 드리는 선물 4

1장 겨울 뒤엔 봄이

착각은 해볼 만한 가치 13
우울증의 선물 17
나는 형제(데까)히며 살고 있다 51
말 상대는 도처에 있다. 61
UCLA로 시간 여행 72
추억의 집 방문기 89
어머니의 꿈 해몽 94
날개를 가진 언니 104

2장　잠 안 오는 밤의 선물

혼자가 아름답다.　115
버스의 낭만　121
어느 풍경 I, II　125
100점이 95점으로　130
나는 왜 중요한 일에 실수하는가?　132
지갑을 열어라　138
내게 전화위복을 가져다 준 사람　144
언어학회의 낭만과 추억　152
잠 안 오는 밤의 선물　160

3장 뒤돌아보니…

골목 반장 165
차라리 연애를 하세요. 168
성 모독 174
TV 없이 살기 182
영단 주택 185
옛집은 간 곳 없고 번지만 남았구나 190
영화 '잠수종과 나비' 197
사후의 갈채 201

4장 "내 것이 아니다"의 후일담

느림과 빠름 209
죽음의 유혹 212
쌓인 원고지의 전언 219
의식 흐름의 뿌리를 찾아서 226
되살아 온 앨런 포 235
코넬 대학의 염력 243
날개의 추억 251
'내 것이 아니다'의 질문에 대한 후기 257

1장

겨울 뒤엔 봄이

저자 언어학회에 참석했을 때 베니스에서 망중한

착각은 해볼 만한 가치

음향음성학적으로 볼 때 인간이 지각할 수 있는 소리는 주파수가 20에서부터 20,000C/S의 음파 내에서만 가능하다. 인간의 귀는 이 주파수 이외의 소리는 듣기를 거부해서, 지구 주위에서 일어나는 어마어마한 소리라든가 20C/S 이하로 내는 미물들의 작은 신호 소리는 듣지 못한다. 그럼에도 불구하고 정상적인 인간은 모든 소리를 다 들을 수 있다고 착각하기 때문에 조금도 불편 없이 살고 있다. 사실 인간이 내는 같은 소리도 주파수가 같은 것이 하나도 없다. 즉 내가 '아버지'라는 소리를 수십 번 발음해도 같은 주파수의 소리란 영원히 낼 수 없다. 그러므로 이 세상에는 같은 소리라는 것은 있을 수 없다. 그러나 인간의 귀의 메커니즘은 편리하게도 어떤 소리는 같게 또 어떤 소리는 다르다고 착각하여 듣기 때문에 소리를 의사 전달의 수단으로 삼는 것이 가능하게 된다. 결국 인간의 귀가 착각현상을 일으킨다는 것은 우리에게 고마운 일이라고 할 수 있다.

인간의 착각현상은 비단 듣는 일에만 국한된 것이 아니라, 인생 자체가 착각이라는 거대한 가마솥 속에서 지지고 볶고 살아가는 게 아닌가 생각하게 된다. 시작이 있는 모든 사물은 반드시 끝막음이 있다. 오늘의 젊음도 너나없이 늙음으로 변하고 마지막에는 죽는다. 세상없는 권력도 금력도 세상을 떠날 때는 한줌의 재만도 못하고 다 두고 떠나야 한다. 오늘의 충정과 애정이 언젠가는 배반과 증오로 변할 때도 있다. 그러고 보면 이 세상의 아무것도 자신 있게 단언할 수 있는 것이 없다.

왜냐하면 우리가 판단하는 모든 것이 착각 속에서 이루어지기 때문에, 그래서 사람들은 영원히 살 것처럼 야망을 향해 열심히 뛰고 있으며, 연인들은 사랑을 하고, 자신은 불효자일망정 자식은 효자가 되리라 생각하고 정성을 다하여 키운다. 결국 마지막에 가서야 자신도 예외가 아니었음을 발견하고 일생을 착각 속에서 멋지게 속아왔음을 깨닫게 된다.

누구라도 착각 속에서 깨어나 인생의 실상을 똑바로 볼 수 있다면 끝까지 노력하며 살아갈 사람은 없을지도 모른다. 아마 자살을 할지도 모른다. 집필 작업도 미치지 않고는 도저히 해낼 수 없는 일이다. 작품을 만드는 모든 예술가들도 그 순간에는 다시없는 명작품을 만들고 있다는 착각에서 미친 듯이 작품에 몰두하는 것이다. 지금 이 순간 내 자신도 내가 쓰는 글이 아주 멋지며 책으로 펴낼 때 독자들이 환호할 것이라고 굳게 믿고 책으로 펴내려 하지만 이것 역시 착각 속에서 열정적으로 뛰는 것일지도 모른다. 착각이야말로 인간에게 종족보존의 중요한 수단이요, 인간을 인간답게 발전시키는 원동력이요, 인간을 달콤한 포도주처럼 행복하게 해주는 신의 고마운 선물이라고 할 수 있다.

다람쥐 쳇바퀴 돌듯 묵은 겨울이 가고 냄새도 촉감도 싱그러운 새로운 봄이 오고 있다. 온통 시행착오로 죽 쑤다시피한 지난날을 이제는 되풀이하지 않겠다는 새로운 결의와 기대를 가지고, 금연을 하겠다고, 금주를 하겠다고 혹은 더 성실히 일해 보겠다고, 직장에서 학교에서 결의를 다지는 사람들이여, 우리 즐겁게 첫발을 내디뎌 보자. 착각은 해볼 만한 가치가 있으니까.

우울증은 마음의 감기라고 한다.

내가 내 우울증의 경험담을 낱낱이 밝히는 것은
혹시 앞으로 이런 병에 걸릴지도 모르는 분들을 위하여
우울증을 잘 대처하면 완쾌될 수 있으며
극복한 후에는 우울증의 뜻밖의 선물인
용기와 희망도 얻을 수 있다는 것을 알리기 위해서이다.

우울증의 선물

뼈만 남은 앙상한 모습

　세상에 이런 병이 다 있다. "배불리 먹어 보았으면 먹어 보았으면" 하고 노래를 삼던 전쟁 시대를 우리는 경험하였다. 그러나 그 가난을 극복하고 세계 10대 경제 대국(2015년 GDP 세계 11위)으로까지 진입하여 모든 것이 풍요로워진 시대에 살게 된 오늘날에는 비만이 모든 성인병의 원인이 되고 외모 지상주의가 대세가 되어 "날씬해졌으면, 날씬해졌으면!" 하는 것이 현대인의 로망이 되었다. 일단 이 병에 걸리기만 하면 계속해서 살이 빠지는 병이니까 날씬해지려는 사람에게는 희소식이 되는 것일까? 아니다! 살이 빠지는 것도 정도 문제지 이 병에 걸리면 밥맛이 없어지고 살이 빠지다 못해서 나중에는 피골이 상접한 모습이 되는 것이다.

보통 운동을 하거나 다이어트를 하여 빠지는 살은 제법 균형 있고 보기 좋게 빠지게 되지만 이 병은 몸에 있는 지방이란 지방은 모조리 빠져나가 불룩 나온 엉덩이 지방은 모두 사라져 움푹 들어가서 아예 엉덩이가 없게 되고 뱃가죽은 손등의 피부처럼 얇게 덮여 있을 뿐 평소에 불룩하게 나와 있어야 할 지방분은 사라져 버린다. 마치 해골 위에 얇은 피부를 덮어 버린 듯한 이 모습이 과연 사람의 모습이라고 할 수 있을까! 살이 빠져도 이 정도로 빠진다면 저주가 아니고 무엇이겠는가?

나는 몇 년 전 겨울에 간단한 시술을 받기 위해서 종합병원에서 혈액 검사를 받았는데 공복 혈당수치가 135이고 혈당지수가 6.9여서 당뇨라는 진단을 받게 되었다. 평소에 나의 공복 혈당은 105, 당화혈색소는 6.5정도였는데 불과 몇 개월 사이에 이런 숫자가 나왔다는 것은 내게 큰 충격이었다. 당뇨는 우리 집안의 내력이었기 때문에 더욱 그랬다. 친정아버지는 본인이 의사였음에도 불구하고 심한 고혈압 고지혈 당뇨로 결국 돌아가셨고, 친정 오빠와 남동생도 40대에 중증의 당뇨로 고생하였던 기억이 난다. 나도 집안의 내력이라 60이 넘어서 고혈압 고지혈 진단을 받고 약을 복용함으로써 정상의 혈압과 고지혈을 유지하게 되었다. 그러나 당뇨에게만은 달랐다. 나는 당뇨에 걸리지 않기 위해서 헬스클럽에 등록하여 규칙적인 운동을 하고 설탕 같은 당분을 멀리하는 생활을 하였다. 내 인생에서 당뇨란 인연이 없는 것으로 평화롭게 살고 있었는데 이게 무슨 날벼락이란 말인가! 더구나 당뇨에서 가장 중요한 나의 당화혈색소는 위험수치인 7.0 바로 경계 밑에 와 있었다. 병원에서는 내과 당뇨 담당 의사에게 가서 상담을 하게 하였다.

  나이가 드신 의사는 웃지도 않고 굳은 얼굴로 내게 마치 선고를 내리듯이 당뇨를 위한 식이 요법을 알려주기 시작하였다. 두툼한 그림책을 가져와 보이면서 먹어야 할 음식과 피해야 할 음식 등을 그림책을 보이면서 설명하였다. 첫째 하루 세 끼 식사는 현미밥으로 하되 공기로 2/3정도 먹을 것. 야채를 많이 들고 고기는 살코기로 100그램을 넘지 말 것, 고기를 한 끼 식사로 들었다면 그 다음 식사는 생선으로 할 것. 두부를 많이 들 것… 고통스러웠던 것은 내가 좋아하던 과일의 양을 제한하였다. 과일은 하루에 포도 5알 정도, 사과 1/8정도를 들되 하루 총 과일량이 사과나 오렌지 1/4를 넘어서는 안 됨. 빵 종류는 먹지 말고 떡도 좋지 않다. 물론 단 음식, 과자, 초컬릿도 금하고 오렌지 주스도 안 되고 만약 하루 한 컵을 들었다면 그날 하루치 과일은 들지 못한다 등 등……. 나는 마치 사형 선고를 받은 느낌이었다. 먹는 즐거움이 인생의 큰 즐거움의 하나인데 내가 좋아하던 과일, 빵, 떡을 모조리 끊으라니 도대체 무슨 낙으로 살란 말인가!

  그렇게 좋아하던 빵도 떡도 그리고 과일도 마음대로 먹지 못한다니, 나는 평소에 몸무게가 늘지 않도록 음식을 조정해서 먹어는 왔으나 이렇게 모든 달콤하고 맛있는 음식들을 하루아침에 끊어야 한다면 무슨 낙으로 산단 말인가! 나는 그날부터 의사가 지시한 병원의 당뇨 환자 프로그램에 등록하여 강의를 듣고 당뇨 환자 식단체험도 하였다. 그리고 영양사가 짜준 식단대로 꼬박꼬박 당뇨 환자용 식사를 하기 시작하였다. 냉장고 속에는 겨우 내내 먹기 위해서 머루포도가 큰 상자로 있었는데 아들에게 가져가라고 하였다. 아들이 차에 머루포도 상자를 실을 때 나는 마치 이 세상의 모든 낙과 인연을 끊는 듯한 서글프고 처연한 마음이 들었다.

돌을 씹는 것 같은 입맛

아침은 빵 두 조각과 야채 등이었는데 언제부터인가 돌을 씹는 것처럼 힘들었고 도저히 맛이 없어서 목 안으로 넘길 수가 없었다. 심할 때는 빵 두 조각 먹는데 두 시간이나 걸렸으며 어찌나 음식을 삼키기가 힘들었던지 누가 옆에서 작은 삽 같은 것으로 입속에 음식을 강제로 넣어 주었으면 좋겠다는 생각이 들었다. 나중에는 병원에서 처방해준 입맛이 돌아오는 약을 먹었는데 조금도 도움이 되지 않았다. 마음이 즐겁지 않으니 입맛이 돌아올 리가 없었다. 과체중이었던 내 몸무게 55.5 킬로는 조금씩 줄기 시작하자 주위에서 수척해졌다는 말을 듣게 되었는데 살이 빠지는 속도가 빨라지며 10킬로그램까지 줄었다. 원래 얼굴이 작아서 조금만 피곤하면 얼굴이 상했다는 소리를 들었는데 10킬로그램이 빠지니 내가 보아도 정상의 얼굴이 아니었다.

　헬스클럽에서 목욕을 하려고 옷을 벗으면 사람들이 주위에 와서 어쩌다 이렇게 빠졌느냐고 걱정을 하였고 예전에 약간 살이 찐 듯한 모습이 좋다고들 말했는데 결코 듣기 좋은 말은 아니었다. 너무 야윈 모습을 보이지 않으려고 뒤돌아 앉아 몸을 씻고 있을 때 누군가가 "너무 말라서 등에 동글동글한 뼈가 튀어나와 보여요"라고 말했다. 1980년 초 거식증으로 세상을 떠난 인기 가수 카펜터가 너무 말라서 등에 탁구공들이 늘어 뜨려져 있는 것처럼 보였다는 글을 읽은 기억이 났는데 바로 내가 그런 모습이구나 라고 생각했다.

　견디기 어려웠던 것은 나의 수척한 모습을 보더라도 주위에서 입을 좀 다물어 주었으면 좋은데 무슨 큰일이나 난 듯이 달려와서 왜 이렇게 말랐느냐고 호들갑을 떠는 것이 큰 상처가 되었다. 그들의 무심한 이 한 마디 한 마디가 얼마나 나에게 상처를 주는지 배려해 주지 못하는 사람들이 야속하기까지 했다.

　처음에는 잘 느끼지 못했는데 나중에는 가슴이 뛰고 불안하고 잠을 푹 자지 못하게 되었다. 새벽 네 시에서 다섯 시면 가슴이 뛰고 답답해서 눈이 떠지면 나도 모르게 벌떡 일어나서 온 집안에 불을 켜고 뛰는 가슴을 진정시키려고 기도를 하며 돌아다녔다. 그러나 조금도 가라앉지 않았다. 증세는 이것만이 아니었다. 오래전부터 온 몸에 열이 나기 시작하다가 갑자기 한기가 들기도 하여 병원에 가서 상담을 하니 호르몬 부족이라고 하면서 '리비알'을 하루에 한 알씩 먹으라고 처방받은 적이 있었다.

나는 '호르몬 대체 약'이라는 이름이 좋지 않아서 한 3년을 약을 먹지 않고 참아 왔는데 이런 증세가 날이 갈수록 심해졌고 이것이 불안 증세로 이어지는 것 같았다. 나중에 종합병원에서 이 약을 다시 처방받아 먹게 되었는데 복용 주의 사항을 읽으니 이 약을 복용하는 것과 함께 꾸준히 운동을 하는 노력을 해야 불안, 초조 증상이 서서히 완화된다는 설명이 있었다.

영문 모를 공포감

무엇보다 견디기 어려운 것은 나를 에워싸듯 조여 오는 이유 모를 '공포감'이었다. 밤이고 낮이고 혼자서는 무서워서 살 수가 없었다. 특히 저녁에 헬스클럽에서 운동하고 어두컴컴한 집으로 들어와서 불을 켜는 것이 무엇보다 무섭고 싫었다. 공포심을 견디기 위해서 오후 운동하러 나갈 때 현관 앞에 미리 성경책을 놓아두었다가 집으로 와서 두근거리는 가슴을 누르고 시편 23편을 펴서 큰 소리로 읽었다. 온 집안의 불을 밝게 켜고 이 방 저 방을 돌아다니며 두려움을 몰아내려는 듯이 큰소리로 읽었다.

"여호와는 나의 목자시니 내게 부족함이 없으리로다…… 내가 사망의 음침한 골짜기로 다닐지라도 해를 두려워하지 않을 것은 주께서 나와 함께 하심이라 주의 지팡이와 막대기가 나를 안위하나이다" 특히 "내가 사망의 음침한 골 골짜기로 다닐지라도……" 부분에 서는 안간힘 쓰듯 크게 읽었는데 내가 처한 이 공포에서 반드시 전능하신 신이 공포를 내몰아 주실 것을 믿는 마음에서였다.

이렇게 한참 큰소리로 낭독하면 차츰 두근거리는 가슴은 가라앉고 안정을 되찾게 되면. 간신히 TV를 켜고 몇 술갈 저녁을 떠먹고는 노곤한 몸을 쉬었으면 좋겠는데 그럴 수가 없었다. 당뇨는 밥 먹고 30분이 중요하다고 했다. 그때가 당이 가장 많이 발생하기 때문에 움직이는 것이 좋다고 의사는 권했다.

억지로 무거운 몸을 일으키고 다시 밖으로 나가야 했다. 동네 슈퍼가 걷기에 좋았고 아니면 내처 걸어서 여의도 S병원까지 걸었다. 환자 입원실 병동에는 복도에 나와 있는 환자 가족들이나 환자들을 보면서 나는 동병상련의 마음을 갖기도 했다. 또 위층 기도실에 들어가기도 하였는데 그곳에는 항상 환자 가족들이 기도하고 있는 간절한 모습을 보면서 나도 그들 틈에 끼어서 열심히 기도하였다. 그러면 한결 기분이 안정되는 듯했다.

밤 10시가 넘어서 집으로 돌아와 병원에서 처방해준 약을 먹고 잠자리에 들었다. 처방약에는 안정제가 들어 있어서 일단 잠은 잘 왔다. 그러나 어느 날에는 가슴이 계속 뛰어서 나도 모르게 벌떡 일어나 다시 집 밖으로 나가기도 했다. 지금도 기억나는데 밤 12시쯤 되었을 시각이었다. 현관을 나가니 온 천지에 하얀 눈이 소록소록 내리고 있었고 내 앞에는 아무도 걷지 않은 하얀 눈길이 펼쳐져 있었는데 신선한 충격 같은 감정을 느꼈다. 나는 아무도 걷지 않은 눈길을 내 발자국을 남기며 걸었다. 남들이 모두 잠들어 있는 그 외로운 시간에도 불을 켜고 손님을 기다리는 가게가 있다는 것을 알고 안도의 숨을 쉬었다. 편의점 같은 곳이나 24시간 영업하는 가게였다.

나는 가게에 들어가 음료수를 사가지고 아파트 경비실에 있는 경비에게 주기도 했다. 밤에 걷는 습관으로 빵집에서는 밤 일정 시간이 넘으면 팔다 남은 빵을 30% 세일해서 판매한다는 것도 알게 되었다. 그 시간대가 되면 갑자기 사람들로 가게가 일시적으로 붐비게 되는데 사람들이 많으니까 그저 안심이 되었다. 어떤 날은 슈퍼에 들어가려 하면 11시가 다 되어서 문 닫을 준비를 하니 들어가지 말라는 소리도 들었다. 집에 돌아와 약을 먹고 간신히 잠이 들면 얼마 못자고 새벽 4시쯤 되어 가슴이 두방망이질 치며 두근거려서 자리에서 벌떡 일어날 수 밖에 없었고 고통의 또 하루를 맞이해야 했다.

"요점만 말 하세요~"

도대체 나는 무슨 병에 걸린 것일까? 병원의 무슨 과에 가야 할지도 몰랐는데 우선 잘 자야 했기 때문에 수면제를 처방받기 위하여 정신신경과를 방문하였다. 처음에 의사는 아무 말 없이 내 증상만 듣고 약만 처방하여 주었는데 약이 너무 독해서 아침까지 졸리는 일이 많았다. 정신 신경과 앞에는 많은 환자들이 차례를 기다리며 있었는데 젊은 여성, 남성, 부부가 함께 상담하러 온 경우도 있었고 심지어는 초등학생도 있었다. 이런 아이는 너무 게임에 열중하여서 부모가 상담 차 온 것처럼 보였다.

그동안 나는 병원을 한번 바꾸었고 상담 의사도 두 번이나 바꾸었다. 바꾼 이유는 의사가 너무나 환자의 고충에 무관심한 것 같아서였다. 그 당시에는 왜 그리 고민과 두려움이 많았는지 어디 호소할 곳도 없었기 때문에 의사만 만나면 길게 호소하게 되었다. 정신과에서는 상담시간을 재어서 요금을 지불하게 되는데 최소한도 상담 요금만 삼만원 이상이 된 적도 있었다. 어느 의사는 내가 나의 증세를 이야기하면 "간단히 요점만 말해요"라고 인상을 쓰며 윽박지르기도 하였다. 환자들이 밖에서 이 의사에 대해 불만을 토로하는 소리도 들렸는데 아무래도 문제점이 많은 듯 항상 얼굴에 인상을 쓰고 웃지도 않았다. 환자의 문제를 해결해 주기는커녕 자신의 문제부터 해결해야 하지 않을까 하는 생각이 들었다.

병원을 바꾸고 내가 마지막으로 만난 세 번째 의사는 친절하고 동네 이발소 아저씨같이 마음을 편하게 만드는 훌륭한 의사였다. 나는 전 병원에서 처방받은 약을 가져가 보여 주었는데 그는 "무슨 약을 이렇게 많이 처방하였느냐?"고 놀라면서 새 약들을 처방해 주었다. 그러나 약이 처음부터 잘 맞는 것은 아니었다. 몇 번 약을 바꾸었는데 어떤 때는 약이 맞질 않아서 가슴이 옥조이며 답답해서 견딜 수가 없었다. 도저히 참을 수가 없어서 "약이 이상해요. 가슴을 쥐어뜯어요"라고도 했고 심지어는 "괴로워서 죽고 싶어요"라고도 했다.

"약을 몸에 맞추라고 하지 말고 몸이 약에 맞추도록 노력해 보세요"라고 의사는 조언하였는데 정말 명언이었다. 이 세상의 모든 불만과 문제는 자신이 주위 여건에 맞추려 노력하지 않고 자신에게 맞지 않는다고 불평하는데서 나오는 것이라는 것을 새삼 깨닫게 되었다. 그렇게 생각을 바꾸게 되어서인지 약은 몇 번 조종을 거치면서 몸에 작용하기 시작하는 것 같았다.

처음에 의사는 내 증상이 '상중하'로 따지면 '상'에 속한다는 말을 하였는데 정말 나는 40년 가까이 살아온 이 집에서 무서워 더는 살 수가 없었다. 남편이 13개월 동안 무의식 상태로 투병하다 저 세상으로 떠난 지 이미 5년이나 흘렀다. 장례식 직후 혼자 집에서 있기가 무서워서 친구들이 며칠 자 주고 그 후에는 어렵사리 혼자 지내는 것에 익숙하게 되었는데 5년이나 지난 지금에 와서 새삼 이 집이 무서울 까닭이 없었다.

나는 의사와 상담할 때마다 내 집에서 무서워서 살 수 없으니 하루 빨리 다른 곳으로 나가야 하겠다고 말했다. 시간만 나면 나는 실버타운이나 시니어 하우스나 '클라식 500' 같은 노인들이 사는 곳을 방문하여 가격을 알아보며 입주 가능성을 타진하였다. 혼자 고립되어 있지 않고 여러 사람이 모여 사는 곳이라면 살 것 같았는데 현실적으로 65평의 40년 가까이 되어 재개발이 예상되는 오래된 집이 쉽게 매매가 되는 것이 아니었다. 마음 같아서는 버리고 가고 싶었고 이 집으로부터 멀리 도망가고 싶었다. 사람이 많은 곳으로 가기만 하면 이 공포로부터 해방될 것 같았다. 자꾸 집에 혼자 있는 것이 무섭다고만 하니 의사는 나를 병원에 입원시킬까 하는 생각을 하였다고 한다.

진작 병명을 알았더라면 …

훨씬 후에야 겨우 내 병명이 무엇이냐는 질문을 하게 되었는데 의사는 '우울증'이라고 대답해 주었다. 아, '우울증~', 진작 말해 줄 것이지, 진작 알려 주었더라면 치료 회복에 도움이 되었을 텐데 왜 알려주지 않았을까? 나도 이 병에 대해서 언제인가 라디오에서 들은 기억이 난다. 입맛이 없어지고 아무리 먹어도 살은 보기 싫게 마른다는 증상(반대로 폭식에 살이 찌는 증상도 있음)과 이 병은 일단 걸리면 완치하는데 시간이 걸리며 중요한 것은 가족들이 따뜻하게 돌봐 주는 것이라는 단편적인 내용이었다.

우울증이 심하면 높은 곳에서 떨어져 자살하고 싶은 충동이 생긴다는 말도 나중에 들었는데 나는 아무리 공포와 불안에 떨어도 죽고 싶은 생각은 추호도 없었다. 다만 기력이 소진된 상태에서 더 잘 해보겠다는 의욕과 희망이 없으므로 내 인생은 이렇게 끝나겠구나,

내 가슴속에는 아직도 이 세상 친구들에게 하고 싶은 이야기가 많은데 좋은 글도 못 써보고 죽겠구나 하는 절망하는 마음이었다.

그리고 자신에 대한 자조감이 일기 시작했다. 교수? 학업을 마치고 모교에 강사직을 얻었을 때 얼마나 기뻐했는지. "우리 과에서는 여자 교수는 뽑지 않아요"라고 거절해도 남녀차별이라고 공분을 사지 않았던 시절에 7년 만에 '만년 강사'의 꼬리표를 떼고 외부대학의 전임교수 자리를 얻었을 때 내 모든 꿈을 이룬 듯이 얼마나 기뻐했는지! 그때부터 교수와 주부 생활을 공유한다는 것이 얼마나 힘든 일인가를 뼛속 깊이 실감하며 살았지만 항상 나는 자부심을 가지고 살아 왔다. 그러나 하루하루를 공포심에 눌려서 무기력하게 살아가는 이 시점에서 내가 살아온 과거를 돌이켜 보니 교수직을 가졌었다는 것에 대해서 분노와 창피한 마음이 생겼다.

나는 여건이 안 되는 상태에서 가정과 아이들을 기르며 연구도 해야 하는 치열한 환경에서 이리 뛰고 저리 뛰어 다니느라고 결국 우울증에 걸리게 되었다고 생각하였다. 그러니 그 교수직 얘기는 내 머리 속에서 싹 지워 버리자고 치를 떨었고 증오하는 마음이 생겼다. 여지껏 열심히 그런대로 잘 살아왔다고 생각된 내 삶은 착각이었고 내 인생은 완전히 실패한 인생이라고 생각이 들고 수치심까지 생겼다.

내가 영문도 모른 채 우울증에 고생하고 있는 동안 내 마음 속에서는 매일 지옥 속을 오가는 고통을 당하고 있었으나 외부에서는 아무도 이해해 주거나 위로해 주는 사람이 없었다. 우울증은 가족의 따뜻한 보살핌을 받는 것이 회복에 도움이 된다고 하였지만 나는 그렇지 못했다. 넓은 집에 나는 혼자 살고 있었고 아들과 딸은 떨어져서 살고 있었다. 당시 그들도 내가 우울증에 걸린 것을 몰랐고 그 증상도 몰랐다. 독립적이고 용감해 보이던 어머니가 갑자기 무서워서 혼자 못 살겠다는 말에 아들은 "다른 분들도 혼자 집에서 잘 사는데 갑자기 왜 그러세요?"라고 말했고 딸은 내가 외롭다는 말에 "어머니가 친구 레벨, 레벨 따지기만 하니 그렇지요"라고 면박을 주었다.

아이들의 반응에 섭섭하였으나 야단을 칠 수가 없었다. 우울증이 그랬다. 공포심만 생기고 부당한 처우를 받아도 항의할 엄두도 못 낸다. 그냥 무서울 뿐이다. 완치된 후에 나는 아이들에게 몇 번 이 얘기를 하며 공박한 적이 있었는데 이제 그만두기로 하였다. 우울증에 대해서 몰랐던 것은 다 마찬가지였으므로. 그러므로 평소에 현대인이 잘 걸리는 성인병에 대해서 남들이 이야기할 때 잘 알아 두는 것이 도움이 될 때가 있을 것이다. 100세 시대에 언제 자신이 이런 병에 걸릴지도 모르니까. "아는 것이 힘이다"라고 하지 않는가.

집에서 쓰던 전화기가 고장이 나서 딸아이가 자기가 쓰던 전화기를 가져다 설치해주었다. 그런데 저녁에 사용하려고 하니 통화가 되지 않는 것이었다. 이러다 외부와 연락이 되지 않으면 어쩌나 겁이 나서 가슴은 쿵쿵 뛰면서 안절부절못하여 다시 딸아이에게 와서 손

보아 달라고 부탁한 적이 있었다. 그런데 그 아이는 바쁘다며 오지 않았다.

 외부와의 연락이 되지 않으면 어쩌나 그날 밤은 공포심으로 거의 잠을 못 이루었다. 지금 생각하면 전화가 안 된다고 무엇이 그렇게 겁이 나는가? 경비실에 인터폰으로 연락하면 되고 아니면 그냥 밖으로 뛰어 나가면 무인도도 아닌데 사람들을 만날 수가 있다. 나중에야 알았지만 외부와 연락이 안 되면 어쩌나 불안해 하는 것이 우울증 증상의 하나였던 것이다. 우울증의 사촌격인 '공황장애증'에 걸렸던 어느 유명 연예인이 "어떤 때는 귀신을 만난 것보다 더 무서워서 그냥 엉엉 소리 내어 울었다"고 고백한 말이 기억난다. 남편이 살아 있었더라면 이렇게 외롭고 무섭지는 아니했을 터인데 혼자 훌훌 떠나가 버린 남편이 이때처럼 아쉽고 원망이 된 적이 없었다. 다 길러 놓은 자식은 소용이 없다는 옛말이 맞다는 생각이 들었고 믿을 것은 '나 자신 뿐'인데 자신이 두려움에 떨고 있으니 어떻게 해야 하나?

 이렇게 나를 장악한 공포심은 밤에는 약을 먹고 잠이 들면 그만이지만 문제가 되는 것은 깨어있는 낮 시간이었다. 낮 시간 동안에는 어떻게든지 사람들이 모이는 곳을 찾아 다녀야 한다. 오전에는 주민센터에서 하는 노래교실에 가서 시간을 보내기도 했고 오후에는 누군가를 붙들어서 점심을 같이 먹자고 하면서 시간을 때우고 그 후에는 헬스클럽에 가서 운동을 하였다.

어느 날 나와 함께 보내기로 한 친구가 오후에 볼일이 있어서 같이 지내줄 수 없다고 했다. 별수 없이 혼자 오후시간을 보내게 되었구나, 그렇다면 파마를 하러 미장원에 가면 되겠구나 해서 미장원에 예약 전화를 하니 예약이 다 찼다며 안 된다고 하는 것이 아닌가. 그러면 이웃에 있는 S병원 식당에 가서 점심을 사먹고 그곳에서 환자들과 환자 가족들 틈에서 시간을 보내야겠구나 하고 있는데 마침 미장원에서 예약을 취소한 손님이 있으니 와도 좋다는 전화가 왔다. 천만 다행이었다! 친구는 "하느님이 보호해 주신 거야"라고 안도의 숨을 쉬는데 나도 마음속으로 감사하였다. 이런 식으로 나는 하루하루를 절박하게 지냈다.

나쁜 일은 한꺼번에 몰려온다

옛말에 "나쁜 일은 한꺼번에 몰려온다"는 말이 있다. 사소한 것처럼 출발한 병은 다른 병들을 몰고 오기 시작하였는데 평소 몸속에 숨어있던 불평분자들이 어느 계기에 하나가 들고 일어나자 나머지들도 너도 나도 반기를 들고 일어나는 격이었다고나 할까? 반란을 일으킨 몸의 세포들로 인해서 내 온 몸은 여기저기 아파왔다. 우선 허리가 몹시 아팠는데 '협착증'이라는 진단을 받았고 허리상태는 평균 나이보다 나쁜 상태라고 했다. 수술까지 할 것은 없으나 운동으로 극복하라는 진단이었다. 허리가 너무 아파서 제대로 걸을 수가 없었다. 허리에는 보호대를 차고 파스 등의 약을 발랐는데 너무 오랫동안 발라서 피부가 견디지 못하고 염증을 유발하여 피부병이 되었다. 소화도 안 되었고 위산과다증이어서 수시로 속이 쓰려왔고, 이석증까지 생기고 변비에서 시작해서 이유 없는 설사와 치질 증세, 알러지 감기와 코를 풀면 이유 없는 코피까지 나왔다.

치아도 아주 좋은 편은 아니었으나 그런대로 괜찮았는데 갑자기 어금니 하나가 아파서 견딜 수가 없었다. 치과에 가니 발치하고 치료를 받아야 한다고 해서 이를 뽑았다. 병원에서는 하루는 충분히 쉬고 목욕도 하지 않는 것이 좋다고 주의를 주었다. 그전에도 이를 뽑은 경험이 있기 때문에 이 하나 뽑는 것은 아무것도 아니라고 생각하고 그날 하루는 헬스클럽을 쉬어야 하니 사람을 못 만나겠구나 하는 아쉬운 생각이 들었다. 그러나 몸에 기력이 빠져서일까?

나는 이 하나를 뽑은 것으로 인해서 이틀 동안 아무것도 못하고 아예 자리에 누워 앓아야 했다. 밥을 끓여 먹었는지 굶었는지 기억은 나지 않는데 생생히 기억나는 것은 거실 TV 앞에 이불을 깔고 모로 누워서 온종일 앓았던 모습이었다. 이틀 동안 아무 곳에서도 전화도 오지 않았고 물론 나도 누구에게 전화를 걸 힘도 없었다. 그 야말로 적막강산이었고 캄캄 절벽 끝에서 혼자 외로이 사투하는 격이 되었다. 그냥 이대로 죽으면 '고독사'가 되겠구나 라는 생각이 들었고 '고독사'란 별것이 아니구나 라는 생각이 들었다.

이런 저런 병으로 나는 일주일에 4, 5일은 병원에 가서 지내야 했다. 내가 몇 년간 복용하였던 수면제도 문제가 되었다. 나는 잠이 안 올 때마다 스틸록스 1/2을 3, 4년이나 계속 복용하였다. 의사에게서 수면제 처방을 받을 때마다 어느 의사는 정신신경과에 가서 상담을 받으라고 권유하였는데 나는 가볍게 여기고 묵살하였다. 지금 생각해보니 수면제의 장기 복용도 내 불안 증세와 무관하지 않은 것 같았다. 세 번째 의사는 당장 수면제를 끊으라고 하고 대신 안정제를 처방해 주었다. 지금도 생각나는데 영하 12, 3도를 하는 유난히도 추운 겨울 아침 8시 30분 진료 예약 시간에 대어 가기 위해서 찬바람 부는 새벽에 두꺼운 털 코트를 뒤집어쓰고 서울성모병원으로 달려갔다. 마치 그곳에 가면 구원이 있고 내 모든 불안이 해결될 것처럼 보였다.

아침 8시부터 해당 과목 진료실 앞에는 환자들이 쭈욱 앉아서 혹은 서서 호명되기를 기다리고 있었는데 마치 그 앞으로 산부인과 김미란 과장이 걸어가고 있었다. 그 추운 아침에 웃는 얼굴로 발걸음도 사뿐사뿐 걸어가고 있는데 마치 이 세상은 즐거움과 희망으로 가득 차 있어서 신이 난다는 표정이었다. 김 과장은 환자의 고충을 이해하고 위로의 손길을 주는 분으로 환자가 가장 많아서 적어도 두 달 전에는 예약을 해야 간신히 진료를 받을 수 있으며 하루에 대기 환자가 8,90명이나 되어서 식사도 제대로 할 수 없는 분으로 알려져 있었다. 그렇게 격무에 시달리는 분이 무엇이 그렇게 즐거운 표정인가, 우울증의 늪에서 허덕이는 나의 눈에는 신기하고 부럽기만 할 뿐이었다. 내가 언제 저렇게 즐거운 적이 있었던가, 앞으로 그럴 날이 내게도 올 수 있을 것인가.

　의사는 나와 같은 '완벽주의자'(허점 투성인데 무슨 완벽주의자라고~?)는 쉽게 낫지 않는다고 말했다. 그러나 나는 그의 이 말에 조금도 동요하려 하지 않았다. 그가 우울증이라고 병명을 알려준 순간부터 아, 이 병이었구나 익숙하게 듣던 이름이어서 그런지 이것 가지고 그렇게 고생했나 생각이 들었다. 내가 노력만 한다면 반드시 극복하여 이 공포로부터 해방될 수 있다는 믿음이 생기기 시작했다.

내 의지에 달려있다

　문제는 내 의지와 노력에 달려있다고 생각했다. 우선 장시간 서 있지 못할 정도로 아파오는 허리의 통증을 완화하기 위해서 헬스클럽에서 코치에게 허리강화 운동을 배웠다. 허리 운동에 제일 좋다는 '고양이 자세'부터 여러 가지 운동을 배웠다. 여지껏 운동은 혼자 하는 것이지 구태여 비싼 돈을 내고 선생에게 개인 교습을 받을 필요가 없다고 생각한 것은 내 오산이었다. 운동 코치는 평소에 책상 앞에 앉아 있는 나의 자세가 나빴고 또 걷는 자세도 나빠서 허리에 영향을 주었다면서 바른 자세를 갖도록 걷는 연습을 시켰다. 제대로 걷는 것이 얼마나 중요하고 힘들다는 것을 느끼며 아기가 걸음마를 배우듯 열심히 배웠다.

70여 년을 익숙해온 나의 걸음 자세를 몇 번 강습으로 고친다는 것은 불가능한 것 같았다. 마치 모델이 걸음걸이를 연습하듯 코치는 스마트폰으로 내 걸음걸이를 찍어서 잘못된 점을 지적하여 주었다. 계속 또 계속 바른 자세로 걷는 것에 익숙해진다는 것이 쉬운 일이 아니었다. 긴장감으로 항상 두 어깨가 올라가 있는데 이것을 내리고(가방을 메고 다니기 때문에 특히 오른쪽 어깨가 올라가 있거나 내려가 있다.) 적당히 두 팔을 흔들고 가슴을 펴고 (내 경우엔 거의 뒤로 자빠질 만큼 펴야 했다.) 배꼽에 힘을 주고 엉덩이를 수축하여 들어 올리는 듯한 자세로 걷는다. 발뒤꿈치를 먼저 땅에 딛고 뒷발은 밀어붙이듯이 걷는다. 요령은 대략 이런데 나는 걸을 때마다 항상 이 점을 주문을 외우듯이 하는데 잘 되지 않는다.

  문제는 내가 이런 식으로 걷도록 노력한다는데 의의가 있다고 생각했다. 언제인가 헬스클럽 친구가 "강 선생, 요즘 걸음걸이가 달라졌어요. 전에는 엉덩이를 내밀고 걸었는데 지금은 좋아졌어요." 하는 게 아닌가! 그러나 "제 버릇 개 못 준다"고 가끔 거리를 걸으면서 가게 유리창에 비치는 내 모습을 보면 아직도 꾸부정하게 걷는 내 모습에 소스라치게 놀라며 바른 자세로 걸으려고 노력한다. 나이가 들수록 특히 당뇨병이 있는 사람에게는 근력운동을 하라고 의사들은 권하는데 올바르게 운동기구를 사용하는 것이 중요하다는 것을 깨달았으며 과거 얼마나 제멋대로 사용했는지 알게 되었다.

  시간이 지날수록 우울증은 조금씩 나아지는 것처럼 느껴졌다. 또 믿을 곳은 오직 내 '자신'뿐이다. 병을 극복하지 못하면 망가지는 것은 내 자신뿐이니 반드시 일어나리라. 내 의지가 이러하니 두뇌의 명령 체계하에 있는 몸의 세포들도 일사분란하게 따라오는 것 같이 느껴졌다. 혼자 사는 사람의 특징은 온종일 입에서 군내가 날 정도로 입을 다물고 살아야 한다. 혼자서는 너무 무료하니까 자연히 생기는 버릇은 혼자 중얼거리는 버릇이 나온다. "이번에 이 일은 이렇게 해야 하는데," 혹은 "이 우둔한 사람아, 아직도 이것을 못했어?" 하다가 너무 자신을 윽박지르면 안 되므로 "아, 참 잘 하셨네, 누구신데 그럼!"하고 나니 자연히 웃음이 나와서 혼자 하하 웃는다. 마치 어니스트 헤밍웨이의 〈노인과 바다〉의 주인공이 이렇게 독백하였을 것이라고 상상하기도 했다.

  심리학자들 말이 억지로 웃는 웃음도 엔돌핀이 생성된다고 하지 않았나? 혼자서라도 웃으면 얼굴의 근육이 풀리고 기분은 훨씬 좋아진다. 우울증이 극도로 나빠져서 캄캄해 보일 때 나는 큰 소리로 외치기도 했다. "반드시 나는 완쾌한다. 반드시 나는 이긴다!"라고 빈집에서 구호를 외치기도 했다. 데모하는 사람들이 왜 구호를 크게 외치는지를 알게 되었다. 이렇게 외치면 심리적인 효과가 있어서 기분이 한결 좋아지고 힘이 생기는 것 같았다.

커밍 아웃(병을 고백하기)

나는 적극적으로 주위에 믿을 만한 친구들에게 내 고통을 공개하고 자문을 구하기도 하였다. 도저히 나 자신을 지탱할 길이 없다는 위기감에서였다. 반응은 여러 곳에서 다양한 양상이었다. 가장 예상치 못한 반응은 주위 사람이 내게 보내는 일종의 실망감이었다. 대학에서 학생을 가르쳤고 홀로 된 노년에 절망하지 말고 당당히 살자는 취지의 책을 쓴 장본인이 우울증에 무기력한 모습으로 도움을 호소하다니 그저 측은하다는 듯이 구경하듯 나를 바라보는 사람도 있었다. 나를 담당한 의사조차도 그런 비슷한 말을 한 적이 있었다. 그러나 세상에는 장담할 것은 아무것도 없다. 호언장담하던 오늘의 강자도 언제 어느 순간에는 무기력한 약자가 될 수 있는 것이다.

세계적인 호스피스의 어머니이며 삶과 죽음 연구의 대가인 엘리자베스 퀴블러 로스(Elizabeth Kubler-Ross)도 말년에 연속되는 뇌졸중의 발작으로 몸이 마비되어 제대로 움직이기 힘들어졌을 때(9년 이상을 투병함) 여느 무기력한 환자들처럼 주위 사람들에게(특히 병원 당국에) 분노하기도 하고 인내력이 결핍된 모습을 보였다고 한다. 생전에 임종하는 환자를 위로하고 그의 고충에 귀를 기울여 위로하였던 위대한 그녀가 이렇게 참을성 없고 나약한 환자의 모습으로 변모한 것에 평소 그녀를 따르던 추종자들이 실망하고 그녀의 주위를 떠나는 일이 있었다는 글을 읽은 기억이 난다.

같은 사람이라도 환자를 치유하는 의사의 입장과 치료를 받는 환자의 입장일 때는 전혀 달라지는 것이다. 신이 아니고 인간이기 때문이다. 위대한 사람도 자신의 병에는 나약해질 수가 있다는 것을 이해해 주고 경청해 주는 사람이 참 친구라는 생각이 들었다.

그래도 지인 중에는 나의 도움 요청에 구원의 손을 내어주는 사람이 있었다. 방법은 달랐으나 참 고마운 사람들이었다. 한 친구는 자기 어머니가 살고 있는 시니어 하우스에 가보자고 제안하였다. 그곳이 마음에 들면 옮기는 것도 어떻겠느냐고 적극 추천하였다. 집을 떠나고 싶은 마음이 간절하였으나 막상 집을 처리하고 떠나는 엄청난 일을 극도로 쇠약해진 환자의 몸으로 치르기가 힘들어서 망설이는 태도를 보이자 "그러면 할 수 없지"라며 매정하게 뒤돌아 서는 것이었다. 자기 충고대로 따라오지 않으면 도울 수 없다는 뜻인 것 같아 서운한 마음이 들었다.

또 한 사람은 격에 맞지도 않는 혼자 사는 남자를 소개하려 하였다. 기가 막혔다. 우울증에 시달리는 70이 넘은 여성에게 남자가 무슨 위안이 된단 말인가! "나에게 필요한 것은 여자 친구지 남자가 아니다"라고 거절하였다.

또 한 사람은 내 이야기에 귀를 기울이더니 웃으면서 이렇게 말했다. "지금 잘 하고 계시는 거예요." 이 한마디는 번쩍 빛을 발하며 내게 희망을 열어주는 듯했다. 이화여대 시각디자인과를 은퇴한 이영희 교수의 사려 깊고 신중한 태도를 곳곳에서 느끼기는 하였으나 그날 그 한 마디가 정말 큰 힘이 되었다. 병을 극복하는 데는 왕도가 따로 있는 것이 아니다. 운동하고 의사의 지시를 따르는 등의 지금 노력하고 있는 방식대로만 열심히 하면 극복할 수 있겠다는 확신이 들게 하였다. 어려움을 겪고 있는 사람에게 당사자의 고충에 귀 기울여 주고 그가 원하는 방식대로 지지해 주고 격려해 주는 것이 정말로 위로가 되는 것이라는 것을 깨닫게 되었다. 과거 건강할 때 나는 고통을 받는 사람에게나 학생들에게 어떻게 위로를 하였는지? 오히려 내가 좋다고 생각하는 방식을 제시하고 따라오도록 강요한 것은 아닌지 되돌아보는 계기가 되었다.

보통 몸이 아프면 사람들은 옷매무새나 자신의 외모에 신경을 안 쓰게 되는 것은 정한 이치다. 병색이 짙은 사람이 옷매무새까지 흐트러지면 마음은 더 심란해지고 몸은 더 아픈 것 같아진다. 마치 마음이 심란해졌을 때 집안까지 어지럽혀 있으면 마음이 더욱 안정이 안 되는 것과 같은 이치이다. 의사와 면담이 있는 날 나는 되도록 얼굴에 병색이 나타나지 않게 화장과 머리에 신경을 쓰고 옷도 제대로 입고 갔다. 의사는 나를 보자, "아, 강 선생님, 얼굴이 좋아진걸 보니 병세가 많이 호전되었어요"라고 반색을 하는 게 아닌가! 나는 이 한 마디에 마치 어린 아이처럼 병이 나아지고 있다고 믿게 되었다.

그리고 얼마 후부터 나는 의사가 처방해준 약의 양을 조금씩 줄여서 먹기 시작했다. 약을 먹으면 낮에 졸렸기 때문이고 혹시나 약에 너무 의존해서 중독이 되는 게 아닌가 우려가 생겼다. 하루에 약을 세 번씩 복용하는데 먹을 때마다 약을 조금씩 떼 내어서 봉지에 담아 보관하고 나중에 약이 너무 약하다고 생각될 때는 복용하려고 모았으나 그럴 필요가 없어졌다. 의사도 좋은 생각이라며 동의해 주었다. 얼마 후 하루에 세 번 복용하던 약을 두 번으로 줄였고 마지막에는 한 번으로 줄이게 되었다.

숲 속으로 가라

남편의 산소에 비석을 세우는 날이었다. 가족 위주의 모임이었는데 6월 하순의 화창한 초여름 날씨답게 울창한 수목 사이로 공기는 상쾌하고 이름 모를 새소리와 곤충들의 작은 움직임조차 감지되는 듯한 고요함이 있었다. 산소 근처 나무그늘에 앉아 하늘을 쳐다보자 갑자기 내 머리 위로 무성한 나무들이 하늘을 배경으로 빙그르르 도는 듯하더니 주위로 한 줄기 상쾌하고 싱그러운 바람이 불어 왔다. "아, 아," 연신 탄성과 심호흡을 하며 나는 여지껏 짓눌려 지내던 도시의 비좁은 공간의 속박으로부터 놓여 나온 듯한 해방감을 느꼈다. "진작 수풀 속으로 올 것이지! 이렇게 좋을 수가, 이렇게 좋을 수가!" 수없이 웃고 중얼거리며 몇 번이고 심호흡을 했다. 이것이었다!

책에서 읽은 기억이 난다. 우울증 환자는 집에 있지 말고 수풀 속으로 가라고 한 말이다. 그동안 야외에서 이루어지는 모임이 있어도 설사나 복통이 와서 여러 사람과 만나는 것이 두려웠기 때문에 불참하였다. 언젠가 길에서 지인을 만나 '어디로 가는 길이냐'고 물은 일이 있었다. '신세계백화점으로 간다'는 대답에 동행인 없이 혼자서 간다는 것에 놀란 적이 있었다. 백화점에 혼자서 가다니! 혼자서는 아무 일도 못하는 지경이 되어버린 지금의 나의 처지에서 믿을 수 없을 만큼 용기 있는 행동으로 보였으며 나도 언제 혼자 다닐 수 있을까 부럽기조차 하였다. 혼자 백화점에 가고 하던 일이 먼 옛날 일로 믿어지지가 않았다. 한때는 최소 일 년에 세 번 여행을 갔었고 여섯 번을 간 적도 있었는데 그것도 주로 혼자서 하는 여행이었다.

마침 대학 친구가 6월 초에 크루즈 여행을 하기로 하였는데 다섯 사람이어서 한 사람이 모자란다는 말을 하고 내게 합류하기를 권했다. 매력 있는 제안이었다! 그 일행들은 모두 과는 다르지만 같은 대학의 동기들이고 교인들이었다. 이제껏 혼자서 하루 삼시 끼니를 겨우 때우면서 혼자 저녁을 보내는 것만으로도 기력이 쇠한데 감히 여행을 가다니, 덜컥 가겠다고 대답을 하고는 속으로 겁이 났다. 과연 내가 무사히 6박 7일의 여행을 할 수 있을까? 흥을 잡히지나 않을까? 무인도에서 뭍으로 처음 나온 사람 모양으로 나는 소심한 사람이 되어서 숫제 겁까지 났다.

선박은 칠만 오천 톤 급의 초대형 이태리 빅토리아 코스타리카호인데 처음으로 우리나라에서 일본으로 가는 항로라면서 대대적으로 선전을 하고 있었다. 선박은 인천에서 출발하기 때문에 인천으로 가기 위해서 여섯 사람이 중간 거점인 신촌에서 아침 8시 반까지 모여서 가기로 하였다. 자, 어떻게 그 이른 아침에 신촌까지 큰 가방을 들고 가야 하나? 겁쟁이고 소심해진 나에게 또 하나의 걱정거리가 생겼다. 아들이 차로 데려다 주겠다고 선뜻 나섰다. 지금 생각하면 여의도에서 택시를 타고 가도 될 것을 먼 압구정에서 아들이 차를 가져와서 나를 신촌으로 태워가는 것이 얼마나 복잡한 일인가 생각되었지만 당시에는 나의 큰 걱정거리를 해결해 주는 것 같아서 안심이 되었다.

마침내 여행 당일 아침이 되어 새벽부터 이것저것 못 다한 여행 준비를 하고 있는 중인데 약속 시간 전에 현관문이 열리며 아들이 들어왔다. 나는 옷을 갈아입는 중이어서 거의 속옷 차림으로 돌아서서 거실로 몸을 감추었다. "어머니 너무 말라서 애기 같아요"라고 내 뒷모습을 보고 아들이 말했다.

인천 부두에 도착하자 큰 호텔 건물처럼 거대한 빅토리아 호 앞에 많은 탑승객들이 긴 줄을 이루며 승선 차례를 기다리고 있었고 늦은 오후가 되어서야 우리는 승선하였다. 탑승객들은 모두 2천여 명이나 되어서 아는 사람들도 만나게 되니 즐거웠다. 얼마 후 고동소리도 없이 배가 약간 기우뚱 움직이는 듯한 미세한 느낌이 있었다. 배가 드디어 출발한 것이다. "아, 드디어 떠나는구나!" 그간의 갇혀 지내던 모든 공포와 고통을 뒤로 하고 배와 함께 새로운 곳을 향해 떠나는 설레임이 있어 좋았다.

크루즈 여행에는 수시로 갑판에 차려지는 풍요로운 음식과 오락

프로그램, 영화와 음악 등이 있어서 지루함이 없다. 갑판에 진열되는 비싸지 않은 기념품들과 티셔츠, 화장품들이 있어서 사람들로 붐볐으며 서성대며 구경하는 것도 재미있었다. 친구들과 깔깔대고 웃으며 맛있는 음식을 먹으며 선박이 정박하는 새로운 도시를 구경하고, 떠날 때는 항구에 모여든 주민들의 열렬한 환송을 받으며 아련한 아쉬움도 남기며 낯선 항구를 뒤로 하였다. 자고 먹고 아무 걱정 없이 지내던 6박 7일이 꿈결같이 지나갔다.

배는 부산에 도착하여 우리는 다시 KTX를 타고 서울로 오게 되었다. 여행 중에 그렇게 음식을 많이 먹었어도 몸무게는 오히려 줄어서 신경이 쓰이기는 했으나 아무튼 이 여행으로 인하여 내 건강은 눈에 띠게 좋아지기 시작했다. 헬스 회원 한 명도 "당신이 여행 갔다 와서 건강이 눈에 띠게 좋아지는 것 같았어"라고 말해 주었다.

혼자 해결하는 법 익히기

나는 그 후에도 코스타리카호의 크루즈 여행을 두 번이나 더 하게 되었다. 동행자 없이 혼자 여행을 하면서 무리 속에서 혼자 지내는 법을 몸에 익히며 앞으로 내가 살아가는 날까지 해야 하는 '혼자 사는 법' '혼자 밥 먹고 혼자 즐기는 법', '혼자 아프며 회복하기' 등을 마스터했으며 아마도 이렇게 사는 것이 100세 시대의 노인들이 해야 하는 방법이며 보다 든든한 삶이 될 수 있다는 것을 깨닫게 되었다. 이런 과정을 밟으면서 서서히 나의 몸무게는 늘면서 정상으로 돌아오기 시작했다. 내 우울증의 서막을 알렸던 당뇨병도 서서히 당수치가 낮아져서 나중에는 혈당 지수가 6.4 (이렇게 낮아진 적이 없었다)가 되었고 공복 혈당도 100이하로 내려갔다.

의사는 우울증은 완치되었다고 생각하는 시점에서 약은 반년 내지 일 년을 더 복용해야 한다고 말한다. 완치가 되었다는 것을 어떻게 알게 되는가? 혼자 지내도 무섭지 않은 것, 사람들과 연락이 되지 않을까 걱정하지 않는 것, 이유 없이 공포심에 떨지 않는 것, 마음이 편해지는 것, 잠이 잘 오는 것, 음식이 맛이 있어서 체중에 신경 써야 될 때가 비로소 이 병에서 해방되는 시점인 것이다. 아니 나의 경우에는 좀 더 구체적인 증거가 있었다. 아무리 강한 지사제를 써도 끈질기게 계속되던 설사가 멈추는 시점이 바로 회복되었다는 증거였다. 최초에 위중한 상태였던 3, 4 개월을 합해서 우울증과 함께한 세월이 1년 이상의 시간이 걸렸다.

"어린 아이가 병을 앓고 나면 똑똑해진다"라는 어른들의 말이 있다. 어린아이가 병치레를 할 때 어른들은 마음을 조이고 아이들은 고생을 하지만 병이 완쾌되고 나면 아이는 부쩍 자라 재주도 늘고 제법 어른스러워진 것을 알 수 있다. 어쩌면 어린아이는 병을 앓으면서 어른이 되어 가는 것이다. 영국의 낭만파 시인인 윌리엄 워즈워드(William Wordsworth)는 그의 시에서 "어린 아이는 어른의 아버지…… (A child is father of the man)"라고 노래했다. 워즈워드는 어린 아이가 자라서 어른이 되어서도 어린 아이와 같이 자연의 순수성을 잃지 않기를 바라는 간절한 염원을 노래한 것이다.

우리 인류는 아기 때부터 어른이 될 때까지 육체의 병 혹은 마음의 병을 얼마간 앓으면서 이 세상에 대해서 조금씩 배우며 지혜로워진다. 순수한 아이와는 다르게 아이가 자라 성인이 된 어른들은 종종 자신의 병이나 상처를 숨기려 한다. 그래서 병이 가져다 준 선물, 즉 깨달음을 간과하게 된다. 나의 이러한 생각이 나 자신만의 독단적인 생각이 아닌가, 우울증에 대한 의학자들의 생각은 어떤가를 알기 위하여 나는 서점에서 우울증에 대하여 언급된 책들을 찾기 시작하였다. 놀라웁게도 나와 비슷한 생각을 하고 있는 학자의 저서를 발견하고는 환성을 지를 뻔하였다. 임상심리학자 라라 호노스웹의 책들 발견한 것이다.

우울증이 준 선물

우울증을 앓고 난 후의 나는 앓기 전의 나와 크게 달라졌다. 우선 세상을 보는 눈이 달라졌다. 이전에는 미처 보지 못했던 새로운 것들을 보게 되었다고나 할까. 몸은 더욱 건강해졌고 마음은 단단해져서 어떠한 고난에도 능히 헤쳐 나갈 수 있는 정신력이 생겼다고 믿는다. 과거 나는 불평 불만이 많았으나 이제는 더도덜도 아닌 '지금의 나 자신'에 감사하는 마음이 생겼다. 생각하면 '혼자'가 무엇이

외롭고 부끄러운 것인가. 원래 인간은 태어날 때도 '혼자'였고 '혼자'서 살아야 하고 걸어가는 길이 가시밭길이든 꽃길이든 '혼자'서 걸어가는 것이다. 세상을 하직할 때에도 가족들이 자신을 에워싸고 있더라도 떠나는 것은 '혼자'인 것이다. 이제 나는 더 이상 '혼자'인 것을 두려워하지 않는다. 물론 절해고도에 혼자 사는 것은 좀 다른 문제지만, 적어도 무리 속에서 '혼자'인 것을 외로워할 필요가 없다. 현대 문명 도시 속 왁자지껄한 무리 속에서 '혼자'임을 느낄 때 차라리 나는 안도감과 아늑함까지 느낀다.

얼마 전 예전보다 건강이 좋아 보인다는 지인의 말에 내가 그동안 우울증을 앓았었다고 말을 하자 그런 말을 함부로 하느냐고 놀래며 자제시키려고 한 사람이 있었다. 이 병이 무슨 전염병도 아니고 부끄러운 병도 아니다. 우울증 연구에 탁월한 임상 심리학자 라라 호노스웹(Lara Honos-Webb)은 그의 〈우울증이 주는 선물〉(Listening to Depression)이라는 저서에서 우울증의 선물은 '용기'라는 것이 있다는 것을 역설하면서, 우울증을 감추지 않고 우울증에 직면하게 되면 그 자체를 느낄 수 있는 능력을 얻게 된다고 하였다. "자신의 우울증을 감추지 않는 사람은 자신의 우울증을 감추고 힘들어 하는 사람보다 한 발짝 더 나아간 것이다"라고 말하며 "우울증의 탈출구는 그것을 통과하는 것이다"라고 말한다.

그녀가 제시한 통계에 의하면 사람이 일생동안 우울증에 걸릴 확률은 여성은 10~25%, 남성은 5~12%라고 한다. 여성의 비율이 상대적으로 높은 이유는 사회적 차별과 호르몬의 차이, 임신에 따른 생리적 부담, 분만과 자녀 양육, 직장과 가정에서 여성들이 져야 하는 과중한 역할 등 다양한 원인 때문이라고 한다. 나날이 복잡해가는 생활로 인하여 우울증은 전 세계적으로 10년 내에 사람을 무능력하게 만드는 두 번째로 흔한 병이 될 것이며, 2010년 이후부터는 가장 많은 비용이 지출되는 질환이 될 것이라고 하였다.

역사적으로도 많은 유명 인사들이 우울증을 극복하여 성공한 삶을 살아왔다. 괴테는 20대일 때 우울증을 앓았으나 극복하여 〈젊은 베르테르의 슬픔〉을 독자에게 선물했으며, 말년에는 〈파우스트〉라는 역작을 완성하였다. 그 외에도 처칠, 링컨, 고흐, 헤밍웨이, 버지니아 울프, 뉴튼 등이 우울증을 앓았던 경험이 있는 사람들이다.

다행히 나는 우울증 증상이 있자 곧장 병원으로 달려가서 치료 시기를 단축하였으나 자신이 우울증에 걸린 줄도 모르고 살고 있는 사람들을 보는 경우가 드물지 않다. 이런 사람들은 우울증 때문에 그런 줄도 모르고 인생이 이토록 힘들고 참고 견뎌야 하는가 절망하고 인내하며 결국 병을 심각한 단계까지 키우고 있는 것이다. 그러나 인생이란 그토록 고통 속에서 인내하며 살도록 만들어진 것이 아니다.

내가 아는 한 친구는 우울증을 십 년이나 앓고 있었으며 심할 때는 입원하였다가 좀 호전되면 퇴원하는 일을 반복하고 있었다. 예전에는 무척 말을 잘하고 공격적인 친구였는데 내가 만났을 때는 겁이 많고 만사에 활력이 저하되고 피로감에 젖어 있는 등 사람이 변해 있었다. 나는 그녀가 우울증에 걸렸다는 것을 알게 되었고 내가 치료받은 의사에게 소개시켜 주었다. 삼 개월 이내에 그 친구는 우울증 증상이 호전되는 것을 느꼈으며 명랑한 성격으로 바뀌고 있었다. 그 후 그녀는 서울의 집을 처분하고 아들이 있는 미국으로 떠났는데 미국에서도 계속 서울 의사에게서 우울증 약을 공수받기로 했다는 이야기를 전해 들었다. 내가 참여한 어느 독서모임과 동창모임에서 나는 나의 경험을 공개하였으며 의사를 추천하여서 몇 사람이 도움을 받았다는 후문을 들었다.

우울증은 '마음의 감기'라고 한다. 우울증은 특별한 사람만이 걸리는 것이 아니라 누구나 걸릴 수 있는 질병이며 고대 이집트에서도 이런 증상을 적어 놓은 기록을 발견하였다고 한다. 감기처럼 초기 단계에 적절한 치료를 하면 완쾌될 수 있으나 방치해 두면 심각한 단계에 이르게 된다. 흥미 있는 것은 우울증 환자에게 우울증 약 이외에 감기에 쓰이는 소염진통제를 처방하였더니 그 결과가 훨씬 좋았다는 보고도 있다.

내가 완쾌된 지금에도 유감인 것은 의사는 내가 처음 방문했을 때 왜 우울증이라고 병명을 알려 주지 않았을까? 하는 것이다. 또한 우울증의 증상은 이러이러 하니 겁내지 말고 맞서 싸우라고 말해 주지 않았을까? 그랬더라면 덜 고통스러운 시간을 보냈을 것이고 알 수 없는 두려움으로 고통 속에서 그렇게 힘들게 보내지는 않았을 것이다. 내가 그동안 겪었던 두려움, 불안, 혼자 있기를 두려워한 것, 자조감, 외부로 연락이 안 되면 어떻게 하나 등의 증상들은 모두가 우울증의 교과서적인 증상이었다. 불치의 암에 걸린 환자에게 의사가 병명과 또 살 수 있는 기간이 얼마 없으므로 인생을 잘 마무리 짓도록 용기를 주는 것이, 말하지 않고 갑자기 죽음에 이르게 하는 것보다 훨씬 현명한 방법이며 환자에게 도움이 되는 것이라고 생각한다.

내가 내 우울증의 경험담을 낱낱이 밝히는 것은 혹시 앞으로 이런 병에 걸릴지도 모르는 분들을 위하여 우울증을 잘 대처하면 완쾌될 수 있으며 극복한 후에는 우울증의 선물이라 할 수 있는 용기도 얻을 수 있다는 것을 알리기 위해서이다.

우울증을 앓지 않았더라면 나는 어땠을까? 물론 앓은 것보다 앓지 않았던 게 나을 수도 있다. 그러나 이 복잡하고 외로운 100세 시대를 얼마나 오래 살지는 모르나 우울증을 피해 갈 보장이 없다면, 차라리 이 시점에서 앓기를 잘 했다고 생각한다. 나는 우울증을 앓음으로서 잃은 것보다 얻은 것이 많았다고 생각한다. 라라 호노스-웹이 주장한 것처럼 나는 우울증의 '선물'을 받은 셈이다. 즉 우울증에 대한 '항체'를 얻게 된 것이다. 나는 운동으로 다져진 선수처럼 아주 강해졌다. 사실 나는 매일 무리다 싶을 정도로 운동을 많이 하며 나의 우울증 극복에 운동이 많이 도움이 되었다고 밝히고 싶다. 운동은 육체뿐만이 아니라 정신력도 강하게 만들어 주는 정신 운동이기도 하다. 우리의 노년인생이 그렇게 신날 것까지는 없을지라도 내 스스로 보람을 느끼도록 알차게 살아 갈 자신이 생겼다. 이뿐이랴! 나는 우울증으로 고통받는 분들에게 기꺼이 내 '항체'를 나누어 줄 것이다.

나는 횡재(대박)하며 살고 있다.

어느 날 수필 제목을 적어 놓은 메모에서 "나는 매일 횡재하며 살고 있다"라는 기상천외한 제목을 보고 기절할 듯이 놀랐다. 오다가다 문득 쓰고 싶은 수필 감이 생각나면 대충 그 제목을 적어 놓는 습관인데 아무리 생각해 보아도 도저히 납득이 가지 않는 제목이었다. 세상에, 젊은이라면 몰라도 노인들은 살면 살수록 기력을 잃어가고 있고 모아놓은 돈을 야금야금 쓰니 재산은 줄어들고 건강도 소모하면서 살면 살았지 횡재를 하고 살다니, 아마도 내가 무엇을 착각하여 쓴 것임에 틀림이 없었다.

요즘 특히 우리나라에서 날이 갈수록 새 생명의 탄생은 갈수록 줄어들고 있어서 노인들을 부양할 젊은이들의 수 또한 줄어들고 있다. 노인들의 수명은 점점 길어지고 있어서 국가가 지불해야 할 의료 보험료와 부양비가 늘어만 가고, 국가 재정도 바닥이 날 지경이라는 뉴스를 심심치 않게 듣다 보니 노년들은 앉은 자리가 영 편치가 않다. 건강을 위해서 운동을 권유하지만 이 운동하는 것마저 젊은이들 앞에서는 눈치가 보일 지경이니 그렇다고 주어진 생명을 끊어 버릴 수는 없는 일이다.

내가 왜 이런 제목을 썼을까 궁금해 하며 지내기를 반 년도 지난 어느 날 나는 나의 비밀 서랍 밑바닥에서 낡은 통장을 하나를 발견하고 외마디 소리를 지를 뻔하였다. 통장에는 무려 600만 원이나 되는 거금이 들어 있었던 것이다. 그것도 보통 예금으로 2년여 동안 잠자고 있었다니 어쩌다 그랬을까? 은퇴 후 저서 출판 등 바빴던 와중에 서랍 밑창에 잘 보관한다는 것이 눈에 띠지 않아 발견되지 않은 것 같다. 진작 이 돈을 펀드니 뭐니 하는 것에 넣었더라면 적지 않게 이자가 붙어 나 있었을 것인데…… 그래도 이나마 다행이다, 내가 혹 사고를 당해서 이 세상에 없었더라면 이 돈을 누가 찾아서 썼을까, 필경 이 돈은 자식들도 아니고 이사를 할 때 청소를 담당한 사람이 발견하여 가졌다면 어쩔 뻔하였나 생각하니 이자는커녕 원금이라도 생전에 내 손안에 쥐게 되다니 이 어찌 횡재가 아닌가!

그리고 보니 이와 유사한 일들이 드물지 않게 일어나고 있었다. 화장실 세면기 뒤에 감쪽같이 끼어 있었던 반지를 찾은 적이 있었다. 공연히 집안의 드나드는 사람을 의심하였는데 결국은 나의 불찰로 떨어뜨려 놓고 귀중한 반지를 잃어 버렸다고 낙담을 하였었다. 내가 살아 있는 동안 잃어버린 반지를 찾을 수 있어서 다행이며 새 반지를 사지 않아서 이 또한 공짜로 얻은 것이나 다름이 없으니 횡재임에는 틀림없다. 오랜만에 바꿔들고 나간 새 핸드백 안에 아뿔싸! 그만 돈 지갑을 빼놓고 나간 것이 발견되어 난처한 지경이 된 적이 있었다. 이때 핸드백 깊은 안주머니에서 발견된 오만 원짜리 지폐 한 장! 얼마나 고맙고 다행이든지 이 오만 원짜리 지폐 한 장으로 버스비와 회비로 내는 점심값 등 필요한 곳에 쓰게 되어 위기를 면하게 되었다. 정말 고마운 오만 원 지폐였다. 이 역시 뜻밖에 얻은 돈이나 다름없으니 횡재임에는 틀림없다.

언제인가 고등학생들의 라디오 재치 문답에서 새로 갈아입은 교복의 동복 주머니 속에서 우연히 발견된 오천 원짜리 지폐가 제일 반가웠다는 대답이 생각난다. 본인도 모르게 오천 원 지폐를 꺼내지 않고 잊어버렸다가 다음해 동복을 입을 때 발견된 이 돈이 용돈에 궁한 그들에게 얼마나 반가운 존재인가! 분명히 횡재임에 틀림없다.

사전에 보면 '횡재'란 "뜻밖에 얻은 재물"이라고 정의하고 있다. 뜻밖에 얻은 재물에는 복권에 당첨되어 몇십 억의 돈벼락을 맞듯 엄청난 돈이 생기는 경우가 있고 혹은 길을 가다가 황금 덩어리를 줍는 것 같은 동화에서나 있을법한 경우도 있을 것이다. 얼마 전 신문을 떠들썩하게 했던 타워 팰리스 쓰레기장에서 청소부가 발견한 일억 원 수표가 들어 있는 허름한 가방의 경우도 있다. 일억 원 가방의 경우 마음씨 바른 청소원이 경찰에 신고했기 때문에 나중에 최대 이천만 원의 보상을 받을 수 있게 되었다고 한다. 정직한 마음이 가져다 준 횡재라고 할 수 있다. 그러나 횡재가 다 좋은 것은 아니다. 거액의 복권에 당첨되는 것 같은 자다가 벼락 맞듯 노력 없이 일확천금의 횡재를 할 경우에는 십중팔구 불행한 경우를 맞는 부작용이 있는 경우가 있다.

우선 아무런 수고 없이 큰 재물을 얻으니 본인도 까무러칠 듯이 기쁘고 놀라서 온 동네가 떠나가게 잔치를 하고 싶을 것이다. 그러나 이 소식에 주위에서 보내는 질시와 돈을 보태 달라는 성화에 쫓기며 결국에는 가족 간에 혹은 친척 간에 재산 다툼이 일어날 수 있다. 우리나라에서 로또 복권에 당첨된 사람들 중에서 결국에는 재산을 탕진하고 빈털터리 신세가 된 사람들의 뒷이야기를 들은 적이 더러 있다. 외국의 경우도 마찬가지이다. 결국 뜻하지 않게 얻은 횡재의 경우 종말에 가서 빈털터리가 되는 빤한 스토리로 끝나는 것은 좋은 의미의 횡재가 아니다.

좋은 의미의 횡재란 부주의로 인해서 잃어 버렸다고 생각했던 자기 소유의 물건이나 가족의 물건을 우연한 기회에 다시 찾는 것이 가장 안전하고 바람직한 것이다. 너무 일확천금 같은 횡재는 누구의 손 안에도 머물지 않고 다른 곳으로 굴러가게 되고, 굴러가는 동안에 주변 사람들을 다치게 하기 때문에 반가운 횡재가 아니다. 노력 없이 얻는 횡재는 오래가지 않으며 또 남의 재물을 횡재한 것은 불법이니 형사처분이 내려지는 불행한 결과를 초래하게 된다.

나에게 있어 횡재는 잘만 하면 자주 이루어질 수 있다. 부지런하게 오래된 물건들을 정리하다 보면 옛날 옷들, 안경, 속내의, 책, 옛날에 썼던 일기장, 습작 노트 등이 툭툭 튀어나오고 이 물건들과 더불어 까맣게 잊어 버렸던 옛 추억까지 곁들이게 되니 놀라움의 환성이 터져 나오게 된다. 어찌 노년의 삶이 단조롭다고 하겠는가? 이것이 매일매일 횡재하며 사는 삶이 아니겠는가?

하나의 예로 가족 간의 숨겨 놓은 재물 등은 부부간 다툼의 원인이 될 수는 있으나 도움을 줄 때도 있다. 우리 아파트 아래층에 사는 젊은 부부의 재미난 이야기가 생각난다. 남편이 술 마시고 늦게 들어오면 부인에게 벌금을 내기로 정했다고 한다. 한동안 부인은 남편이 내는 벌금을 꼬박꼬박 침대 매트 밑에 숨겨 놓고 돈이 모이는 것에 만족해 하고 있었다. 그런데 처음에는 벌금의 액수를 깎느라고 실랑이를 하던 남편이 언제부터인가 벌금을 후히게 내디린다. 어느 날 부인이 침대 밑을 들쳐 보니 놀랍게도 숨겨놓은 자기 돈이 거의 다 사라진 것을 발견하였다. 그동안 남편이 벌금을 낸 것은 부인이 감춰둔 돈이었다고 한다. 이 경우 주거니 받거니 돈은 부부 사이를 평행 이동을 한 것이고 횡재한 쪽은 침대 매트 밑에 감추어둔 돈을 우연히 발견하게 된 남편임에는 틀림없다. 그렇다고 부부 사이의 일이니 법적으로 따질 수도 없고 웃고 말았다고 한다.

나의 경우에도 그랬다. 남편이 무의식 상태로 장기간 입원하여 있을 때 서류를 찾느라고 그의 서랍을 뒤진 적이 있었다. 몇 번을 뒤

저도 안 나오던 것이 마지막 순간에 네 겹으로 접은 허름한 봉투 속에서 문제의 서류와 함께 쏟아져 나온 백만 원짜리 수표 십여 장, 정말 일확천금 같은 횡재였다. 세어 보니 상당한 액수였다. 가족 간이니 습득물로 경찰에 신고할 필요도 없었고, 마침 밀려 있던 독실 입원실비(독실료가 만만치 않게 비쌌다)로 요긴하게 쓰게 되었다. 남편의 입원실을 독실로 정한 것은 무의식 환자라 다른 환자들이 같이 있기를 꺼리기 때문에 병원의 권유로 그렇게 한 것이다. 이후에도 남편의 옷 서랍 양말 뭉치 속에서 이십만 원 현금도 발견하였다. 이 또한 간병비로 요긴하게 보태 쓰게 되었다. 과연 돈이 좋기는 좋았다. 남편의 병이 위중한 상황에서도 공돈이 생기게 되니 힘이 나고 또 다른 곳에 돈이 있지 않을까 찾게 되었다. 이후 남편의 책상 위 서류꽂이에 있는 봉투 안에서 십만 원짜리 상품권 두 장이 나왔다. "한 장씩 갖자"하며 서슴없이 며느리에게 한 장을 주었다.

집안에서 이런 행운을 맞기 위해서는 외부 사람이 발견하지 못하도록 아무리 바빠도 집안의 물건은 자신이 정리하고 처리하는 것이 좋을 것이다. 남에게 옷을 줄 때는 속주머니까지 샅샅이 살펴보는 것은 물론이다. 적어도 횡재의 기회를 남에게 빼앗기지 않으려거든.

최근 내가 우연한 기회에 발견한 횡재 중에는 40년도 더 된 미제 담요가 있다. 어느 날 장속에 쌓여 있는 이불을 잘못 건드려서 이불들이 방바닥으로 떨어지는 와중에 그 속에서 발견된 미제 담요다. 날씨는 추워 오는데 원래 쓰던 전기담요들은 너무 오래 써서 두 개가 고장이 나 버렸다. 그래도 애착이 생겨 혹시 죽은 사람 살아나듯 다시 작동되지 않나 하여 몇 번이나 전기 코드에 끼워 보았으나 허사였다. 추운 겨울은 다가오고 허리는 자꾸 시려 오는데 어디서 싸고 좋은 전기담요를 사야 할지 너무 오래 전 일이라서 막막할 지경이었다. 이런 와중에 장속에 무질서하게 끼어 있었던 미제 담요 석장이 나오다니! 내 가슴은 뭉클하며 오랜만에 만난 옛 친구처럼 반가웠다.

1970년대 초 우리나라에 에너지 쇼크가 일어나서 집집마다 집에 설치된 보일러를 틀지 못하고 온종일 추위에 떨며 지내야 했던 시절이 있었다. 추위에 덜 떨기 위해서 사람들은 전기담요를 사고 있었는데 그 와중에 나도 동네 미제 가게에서 샀던 담요이다. 110볼트 짜리였으나 아직도 우리 집에는 110볼트 코드가 살아 있어서 220볼트랑 양쪽 다 사용할 수 있다.

초록색은 부부용, 하늘색은 아들용, 노랑색은 딸아이 것이었는데 우리 식구는 아파트로 이사 올 때까지 몇 번의 추운 겨울을 따스하게 지낼 수 있었다. 그뿐인가 아들이 대학을 졸업하고 유학을 갈 때 짐 속에 넣고 가서 그 추운 미시간 앤아버의 매서운 겨울을 따뜻하게 지낼 수 있었다. 또 딸아이가 어학연수차 아들과 함께 캐나다에 가 있는 동안에도 이 전기담요로 그곳의 지독한 겨울 추위를 이겨낼 수 있었다. 돌아와서는 모두들 짐이 된다고 내게 돌려주었다. 나는 아이들이 사용하던 때 묻은 담요를 손세탁하여 보관하고 있었는데 이제 이 담요들을 보니 젊은 날의 아이들과 네 식구가 지내던 옛일들이 되살아나서 그립기도 하고 아쉬운 마음이 들어 한동안 추억에 잠겼었다.

코드에 꽂는 전기 줄은 모두 같은 모양이어서 각각의 줄에 '초록색 담요용', '하늘색 담요용', '노랑색 담요용'이라고 바뀌지 않게 얌전하게 써놓은 것이 발견되었다. 일일이 담요를 코드에 연결해 보니 브라보! 몇십 년을 장속에 처박혀 있던 담요에 전기가 들어오면서 얼마 안 되어 따스한 온기가 펴져 오는 것이 아닌가! 이래서 미제가 좋다고 하는구나 하는 소리가 나도 모르게 튀어 나왔다. 지금 어느 시대인데 이런 소리를 하는가, 세계적으로 1. 2위를 달리고 있는 우리나라 반도체 전자제품들이 얼마나 많은데. 곧 질타의 소리가 내 안에서 들리는 듯했다. 오래된 담요의 등장으로 나는 추운 겨울을 뜨끈한 온돌방에 몸을 지지듯이 담요 속에 폭 파묻혀 살 수 있겠구나 안도의 숨을 쉬었다. 담요를 사러 이곳저곳으로 다니지 않아도 되니 시간과 수고, 그리고 비용이 절감되니 이것 역시 괜찮은 횡재이다.

이쯤 되면 "나는 매일 횡재하며 산다"는 글의 결론에 도달하게 된다. 나에게 있어 횡재란 내 소유이거나 가족의 물건을 잠시 잃어버리고 얼마 후에 다시 찾는 숨바꼭질 같은 게임이다. 결코 남의 물건을 횡재하는 것은 배제한다. 애타게 찾아서 나오지 않던 물건이 우연한 기회에 어느 구석에서 튀어나오는 순간, 안도의 숨과 함께 삶의 조그마한 희열을 맛보게 되는 것은 물론 오랫동안 잊고 있었던 젊은 날의 추억까지 되살아나게 된다.

  젊은 날의 즐거웠던 추억, 아련한 사랑, 순수했던 우정, 내가 언제 그런 시절이 있었던가 의구심이 들 정도로 까맣게 잊어 버렸던 옛 일들이 떠오르며 메마른 내 가슴은 눈물로 적셔진다. 아, 그때 내가 너무 하였구나. 아니면 아, 그때 그렇게 그 분에게서 은혜를 받았는데 충분히 감사하단 말도 못했구나, 이제라도 찾아보아야 할 것 같구나, 이런 저런 옛일로 추억에 잠길 수 있으니 이 얼마나 고마운 일인가! 이 단조로운 생활에서 이만한 훈훈함과 즐거움을 맛볼 수 있는 기회가 얼마나 있을까?

  그러나 이런 희열을 맛보기 위해서는 몇 가지 규칙을 정해야 하겠다. 첫째, 횡재는 집안의 물건에 한해서만 이루어져야 한다. 둘째, 가끔씩 정리되지 않은 물건들은 정리해야 한다. 그래야만 잊고 있었던 물건들을 찾아내는 기쁨과 추억을 맛볼 수 있기 때문이다. 셋째, 물건 정리는 절대로 남의 손을 빌려서는 안 되는 것이 남에게 횡재의 기쁨을 양보할 수는 없기 때문이다. 넷째, 자신의 물건은 놓아야 할 자리에 두는 것이 좋다. 다시 찾기 어려운 기기묘묘한 장소에 두어서는 자신도 찾지 못할 뿐 아니라 자손들도 찾지 못하기 때문이다. 참고로 나는 아이들에게 내 중요한 물건은 나의 비밀 서랍과 은행금고 이외에는 절대로 두지 않겠다고 공언한 바 있다. 다섯째, 가장 중요한 것으로 숨겨져 있던 물건이 내 손 안에 다시 들어오기 전에는 절대 사고를 당하거나 미리 세상을 떠나서는 안 되겠다. 엉뚱한 남에게 횡재의 기회를 빼앗겨서는 안 되기 때문이다. 한 마디로 이 무궁무진한 재미를 맛보기 위해서도 우리는 오래 살아야 한다.

요즘 인기 있는 '100세 아리랑'에 이런 구절을 보자.

80세에 저 세상에서 날 데리러 오거든 아직은 쓸만해서 못 간다고 하여라.

90세에 저 세상에서 날 데리러 오거든 알아서 갈 테니 재촉 말라 하여라.

여기에 덧붙여서

"어느 날 저 세상에서 날 데리러 오거든 내 물건 찾아 횡재해야 하니 못 간다고 하여라" 라고 호통 쳐야 할 것이다. 하-하-하.

말 상대는 도처에 있다

누가 인생은 고독하고 노년은 외로운 것이라고 낙담하는가? 하기야 나이가 들수록 외로움을 더 타게 되는 것이 노년의 싱글족이다. 저녁에 집에 돌아와 단 몇 마디 마음속의 말을 건넬 상대가 옆에 없다는 사실은 건디기 힘들 때가 많을 것이다. 그렇다고 너무 절망하지는 말자. 요즘은 젊은 싱글 족도 늘어가고 있다. 통계에 의하면 미국의 1인 가구 수는 28%를 넘어 섰고 일본은 31%, 스웨덴은 47%, 한국도 25%를 돌파하고 2035년에는 34%에 이를 것이라고 한다. 혼자 사는 사람, 특히 노년의 싱글 족은 인간관계가 단절되고 소외되어 주위에 말할 상대를 찾기가 쉽지 않을 수도 있다. 자칫 고독사 할지도 모른다는 두려움까지 갖게 된다. 그러나 두려워야 할 것만은 아니다.

어느 외국인의 글에서 노년의 싱글 족인 자신은 찻집에서 차 마시며 바텐더와 이야기를 즐긴다고 했다. 웬걸 바텐더 씩이나 들먹일까? 우리 문화권에서는 잘 맞지 않는 상황이나 참고할 점은 있다. 주위를 둘러보면 말할 상대는 쉽게 찾을 수 있다. 적어도 아파트에 사는 중산층의 사람들이라면(요즘 아파트에는 경비가 없는 곳이 늘어나고 있기는 하다) 현관을 드나들며 경비와 간단한 인사를 할 수 있다. "안녕하세요?", "오늘도 또 춥네요." "조심해서 차 몰고 가세요" 등. 이럴 때 집에서 과일이나 커피를 들고 나가면 대화는 좀 더 길어질 수도 있다.

40년이나 살고 있는 아파트에서 나는 최고령자 측에 들고 있다. 경비원의 말을 빌리자면 차를 운전하는 최고령자이기도 하다. 우리 아파트 주위에는 20년, 30년을 살고 있는 사람들이 많다. 그래서 길을 가다 마주치는 사람들도 거의 다 낯이 익은 사람들이다. 가끔 얼굴이 낯이 설 경우에는 기억속의 비슷한 젊은 얼굴을 겹쳐서 보면 모두가 아는 얼굴이 된다. "오래만이에요." "그동안 어떻게 지내셨어요?" "건강 하시지요?" "하나도 늙지 않으셨어요." 등등.

우리 아파트에서 조금만 걸으면 슈퍼가 있다. 슈퍼가 동서 방향으로 두 곳이나 있는데 동네 구멍가게 수준이 아니라 상당히 큰 규모의 슈퍼이다. 슈퍼야말로 사람이 "고파질 때"(만나고 싶을 때) 이웃을 만나 잠시 수다를 떨 수 있는 만만한 장소이다. 두 슈퍼 중 A 슈퍼는 매달 초순에 이틀 동안 '미친 데이'라고 해서 물건을 할인하여 파는 날로 정해서 대대적으로 홍보를 한다. 왜 하필이면 '미친 데이'라고 했을까? 조금이라도 이문을 남겨 장사를 해야 할 곳에서 잠시 두뇌 속의 세포가 미치지 않고는 이렇게 싸게 팔 수가 없다는 과장의 뜻이 담겨 있을 것이다.

그러나 경쟁 상대인 또 다른 B슈퍼도 가만히 있을 수 없다. 이곳에서는 '폭풍 데이'라고 이름을 붙이고 맞불을 놓듯 자기네도 대폭 할인에 들어간다. 폭풍이 불어 닥쳐 해안가를 말끔히 뭉게 버리듯 이문을 남기지 않고 판다는 뜻일 것이다. 이런 광고가 붙은 날에는 사람들이 몰려들기 마련이다. 소비자들의 한 곳으로 쏠림현상을 막기 위해서 두 슈퍼는 같은 날에 '미친 데이'와 '폭풍데이' 행사를 하니 소비자들은 바빠지게 된다. 두 곳을 다 가보아야 가격을 비교하여 조금이라도 더 저렴한 곳의 찬거리를 살 수 있다. 그렇게 하기 위해서는 이리 뛰고 저리 뛰어 발품을 팔아야 마음에 드는 찬거리를 조금이라도 저렴한 가격으로 살 수 있게 된다. 그래서 고민이 생긴다. 첫 번째로 들른 슈퍼의 가게가 두 번째로 들른 슈퍼의 것보다 가격이 저렴했을 때 낭패감을 맛보게 된다. 가격만을 생각한다면 당연히 첫 번째 슈퍼로 다시 가야 하는데 되돌아 가려니까 짜증이 나고 힘도 든다. 다리도 아프고 시간도 축이 나니 과연 내 인생에서 몇백 원의 돈이 더 중요한가, 아니면 유한한 내 인생에서 시간이 더 중요한가? 아마도 비싼 줄 알면서 그대로 사는 사람과 힘들지만 되돌아가 저렴한 가격의 찬거리를 사는 사람 중 어느 쪽이 더 많은지는 알 수가 없다.

슈퍼에서는 종종 아는 사람을 만나게 된다. 때로는 오랫동안 만나지 못했던 이웃을 만나 반가운 소식을 서로 주고받을 수 있다. 사람을 만나면 얼굴은 활짝 펴지고 웃는 얼굴이 된다. 혼자서 말 상대 없어 굳어졌던 얼굴이 잠시나마 펴지니 이 얼마나 좋으냐! 또 슈퍼 종사자들과도 인사를 하며 이런 저런 상품에 대한 대화를 나눌 수 있다. 산더미처럼 쌓여 있는 상자속의 고만 고만한 포도나 복숭아들 속에서 조금이라도 나은 것을 고르려면 남의 도움이 필요하다. "이 둘 중에 어느 것이 더 나아요?"라고 과일 담당에게 물으면 "다 같지요"라고 말한다. "그래도 같은 콩알이라도 큰 것이 있는데 전문가니까 묻는 거예요"라고 추어주면 이리 저리 보다가 "그래도 이게 좀 더 크고 싱싱해 보이네요" 정말 과일을 다루는 사람이라 보는 눈이 정확하다. "정말 그렇네요. 나도 그렇게 생각했거든요. 고마워요"

아파트가 밀집해 있는 곳은 정말 삶의 공동체이다. 우리 동네에 성모병원 같은 대형 병원이 있다는 것은 정말 고마운 일이다. 예기치 않던 사건이 터졌을 때 119에 전화를 걸면 득달같이 달려오고 바로 가까이 있는 여의도 S병원으로 오면 웬만한 환자는 산소 호흡으로 되살아 날 수 있다. 남편의 치명적인 두 번의 사건 중 한번은 숨을 온전히 되찾아 회복된 적이 있었다. 이 병원은 나에게는 너무나 낯익은 곳이다. 정말 말상대가 없어 외로울 때면 이곳에 들를 수 있다. 로비에서 아는 얼굴을 만나는 것은 그리 어렵지도 않다. 혼자 집에서 끼니 때우기가 싫어질 때 이곳 식당에서 여러 사람 속에 섞여서 식사를 해결할 수가 있다. 대부분이 환자를 면회 온 사람들이라 혼자 식사하는 사람들이 많으니 자연스럽다.

남편이 코마 상태로 투병하던 때에 나는 실수로 마룻바닥에 미끄러지면서 왼손 손목이 부러진 일이 있었다. 부러진 왼팔을 붕대에 걸쳐 메고 S병원 입원실에 있는 남편을 면회 갈 때 어느 길목에서인가 "그 팔 언제 떼나요?"하고 어떤 낯선 사람이 내게 물은 적이 있다. 언제 내가 저 사람을 알고 있었나 하고 의문이 들었으나 아마도 내가 병원으로 오가는 길목에 있는 아파트의 경비가 아니었나 생각되었다. 아무튼 내가 사는 여의도 아파트 지역은 모두가 낯익은 얼굴들이니 외로울 일이 없겠다.

우리 아파트 A동 옆에는 오래 전부터 노점 과일 장사 아주머니가 있다. 장사한 지 얼마나 오래 됐는지는 몰라도 가까이 있는 두 개의 큰 슈퍼와 또 지척에 있는 '총각네 야채가게'와 경쟁하려면 내세울 것이 있어야 하는데, 이 집은 가격은 조금 비싸고 현금 거래를 해도 품질 하나는 좋은 것을 가져다 판매한다. 급하게 선물할 곳이 있을 때는 두말 없이 이 가게에서 사면 낭패할 일이 없다. 일단 주문만 하면 곧바로 본인이 달달거리는 밀차를 끌고 집으로 배달해 주니 편리할 때가 많다. 나도 헬스클럽을 가려면 차를 몰고 이 앞을 지나야 할 때 가끔 차 문을 열고 큰소리로 과일 가격을 묻고 차에 실어 달라고 해서 클럽까지 싣고 갈 때가 있다. 이 아주머니(실은 할머니)가 배달을 갈 때면 빈 가게를 그냥 두고 가도 주위에 눈이 많아서 도둑맞을 염려가 없다. 우선 우리 아파트 경비실이 옆에 있고 버스 정류장이 옆에 있어서 사람 왕래가 끊이질 않는다.

확실한 시기는 모르지만 얼마 전까지만 해도 이 과일 장수 옆에는 자리를 지켜주는 남편이 있었다. 과일을 실어 나르는 조그만 트럭이 옆에 주차되어 있었고 항상 부부가 같이 장사하는 것으로 기억했는데 언제부터인가 남편은 보이지 않았다. 어느 날 빵을 사오면서 이 과일노점의 아주머니에게 물었다.

"요새 왜 남편은 안 나오지요? 편찮으신가요?" 하고 물으니

"남편이 세상을 뜬 지 15년이나 됐시유" 하는 게 아닌가! 아, 참 세월은 빠르구나! 하기야 그 가게에서 어디 초대되어 갈 때면 함께 과일을 사던 남편도 세상을 뜬 지 어언 10년이 되어오지 않는가. 이 세상의 모든 일들이 마치 파노라마처럼 내 눈앞을 재빠르게 스쳐 지나는 것이니 10년도 잠깐으로 느낄 수 있겠구나.

"그럼 혼자 사시나요?" 물으니 "그럼요. 내가 이 장사를 하면서 아들 결혼도 시키고 집도 장만해 주었다우" 자랑스럽게 말한다. 얼굴은 햇볕에 새까맣게 그을렸어도 자신감으로 피부는 반짝반짝 빛난다. 전에는 일요일이나 공휴일에는 나오지 않던 것이 이제는 심한 비가 오지 않으면 반드시 나와서 장사를 한다.

"집에 혼자 있어 무얼 하겠어요? 여기 나오면 돈도 벌고 사람도 만나고 좋겠네요" 하면서

"나도 혼자 산다오. 자식하고 같이 살지 않고 혼자 있는 것이 편해

요"라고 내가 말하자 그녀도 내가 한 손에 들고 있는 파리 크로와상의 요란한 포장지로 싼 빵 꾸러미를 가리키면서

"그럼은요, 같이 살면 어디 이런 거나 마음대로 먹을 수 있나유?" 하면서 맞장구를 쳤다. 우리는 서로가 혼자 산다는 이유 하나 만으로 마음이 통하고 십년지기가 된 것처럼 친근감을 느꼈다.

우리 아파트에는 두 사람의 경비가 있다. 그 중의 A라는 사람은 오랜 기간 근무했고 주민들 사이에서도 호평을 듣고 있다. 언제인가 헬스클럽이 한 달에 한 번씩 쉬는 날이 되어 온종일 집안에 틀어박혀 있은 적이 있다. 저녁이 되어 헬스클럽에 갈 시간이 넘자 집에 인터폰이 울렸다. 바로 A 경비였다. "오늘 운동 안 가시나요?" 조심스럽게 그가 묻는 것이다. 참 고마운 사람이다. 혼자 사는 내가 혹시 온종일 기척을 하지 않으니 무슨 변고라도 있나 해서 연락해 본 것이리라. 이런 사람이 있는 한 고독사는 면할 수 있겠구나.

A 경비는 이를테면 '순 토종'이어서 영어를 모르는데, 근무한 지 얼마 안 되는 B라는 젊은 경비는 호주에 이민 가서 살다가 왔다는 사람이다. 한동안 두 사람 사이에 트러블이 있었는데 그 이유인즉 B가 툭하면 영어로 기록을 남기어 알아 볼 수 없다는 것이다. '아반테'라고 한글로 쓰면 될 것을 영어로 'Avante'라고 써서 기를 죽인다고 A 경비는 불평을 한다. 직업에 귀천은 없다고 하지만 B 경비는 아무래도 경비를 하기에는 너무 하이컬러다. A 경비는 주민들의 짐도 잘 들어주고 청소부가 바쁠 때면 승강기바닥도 닦아 준다. 그

러나 B는 경비실에 틀어 박혀서 꼼짝도 안 하니 주민들은 좋아하지 않는다. 그래도 한 가지 좋은 점은 툭하면 옆 동으로 마실 가지 않고 자리를 잘 지키고 있다는 것이다.

어느 날인가 내가 날짜가 지난 월간 잡지들을 재활용장에 버렸는데 B는 자기가 가져다 읽어도 되느냐고 물었다. 그는 이제 본격적으로 경비실에 들어 앉아 책을 열심히 읽기 시작했다. 어느 날인가 내가 쓴 책을 901호 분에게 드리라고 봉투를 밀봉하여 B에게 맡긴 적이 있었다. 밤늦게 경비실 앞을 지나면서 내 책을 전해 드렸느냐고 물으니 그분들은 내게 책을 부탁한 일이 없었다고 하기에 다시 가져 왔다고 한다. 책을 그냥 전하라고 했지 부탁했느냐 안 했느냐 물어보고 주라고 한 것도 아니었다. 놀라운 것은 그가 내 책이 들어 있는 봉투의 봉인을 뜯고 내 책을 꺼내서 읽고 있는 것이었다. 기가 막혀 말이 안 나왔다. "내 책 내놔요!" 소리 치며 책을 빼앗아서 집으로 가져 왔다. 그 봉투 안에는 간단한 안부 편지도 있었다. 남의 편지를 몰래 개봉해서 읽으면 분명히 '통신 비밀 침해'에 해당한다. 내가 문제를 제기한다면 B 경비는 곤란한 처지에 빠질 것이다.

며칠을 지나 불유쾌한 기억이 희미해질 무렵 B 경비가 느닷없이 내게 무엇인가 내밀고 있었다. "이게 뭐예요?" 하고 물으니 "호주에서 가져온 꿀인데요, 잡수시라고요." 경비가 주민에게 선물을 주는 일도 없거니와 준다 하여도 너무 비싼 것이었다.

"나는 당이 있어서 단것은 먹지 않으니 아저씨나 잡수세요" 하고

거절하니

"그럼 자녀분들이라도 들게 받아 주세요"라고 권하는 품이 절대로 내가 받지 않고는 물러날 자세가 아니었다. 하도 간곡하게 권하니 안 받을 수가 없어서 받고야 말았다. 아마도 그날 내 책을 몰래 봉투를 뜯고 본 것에 대한 면죄부를 받을 양으로 뇌물로 준 것인지 아니면 정말 미안해서 주지 않고는 견딜 수가 없어서 준 것인지 아무튼 책 사건에 대한 미안함으로 주는 것이라는 것을 알고도 남음이 있었다.

B가 근무한 지 일 년은 너무 길게 느껴질 만큼 자잘한 사건들이 많았다. B 경비는 호주에 계신 작은 아버지의 임종이 가까워 돌아가시기 전에 뵈어야 한다며 8일을 결근하고 그 대신 A 경비가 맡도록 자기네끼리 조종하였다. 그 이후에도 또 한번 집안 일이 있다며 A 경비에게 맡기고 쉬었다. 원래 경비는 하루 24시간 근무이기 때문에 이틀에 한 번은 쉬는 것이 원칙이었다. 쉬지 않고 일주일 이상을 24시간 근무한다는 것은 누구라도 건강에 무리가 오고 사고가 날 위험도 있는 것이다. 주민들에게서 불평이 나왔다. 그 이후로 B 경비의 결근은 사라졌다.

현관 바닥이 더럽거나 승강기 속에 오물이 떨어졌을 때 더러워졌다고 말하면 A 경비는 달려와 닦아 준다. 새로 청소부가 와서 일을 하게 되면 안내해야 할 사람은 반장인데 모르쇠로 일관하니 결국 견디다 못해서 내가 나서는 일이 있었다. 가루비누가 떨어졌다,

수세미가 없다, 이런 것들을 누군가가 챙겨줘야 하는데 내가 수퍼에 가서 사다가 청소부에게 주고 영수증은 반장에게 전해서 현금을 나중에 받았다. 자잘한 수세미들은 우리 집에서 쓰던 것을 주거나 아니면 새것으로 주고 만다. 어느 날인가 현관 바닥이 하도 더러워서 내가 집에서 락스와 세제를 탄 물을 가지고 나와 바닥에 쭈그리고 앉아서 시범적으로 닦고 있었다. 시꺼먼 때가 벗겨지고 바닥은 제법 깨끗해지고 있었다.

"아니, 왜 바닥을 닦고 계세요?" 바로 앞집의 파출부가 놀란 얼굴로 내게 물었다.

"너무 더러워서 견딜 수 없어 닦는 거예요."

이럴 때 그래도 옆에 와서 돕는 것은 A 경비이고 B 경비는 꼼짝도 안 한다.

어느 날 내가 외출하려는데 "잠깐만요" 하면서 B 경비가 어느 남자를 인사시키려고 하였다.

"제가 집안의 사정이 있어서 그만 두게 되었고 이 분이 후임자십니다."

"아니 겨우 일 년 있다 나가려고 왔어요? 좀 더 있지 그래요?"라고 일말 섭섭한 마음이 들어서 말하였다.

"집이 멀리 이사 가게 되어서요. 다닐 수가 없어서요"라고 하며 새로 온 경비에게 나를 일컬어 "우리 동의 어른이신 교수님이십니다"라고 인사를 시켰다.

"잘 부탁해요" 하면서 말이다. 내가 "섭섭하군요"라고 말하기가 무섭게

"사실 교수님이 우리 동에서 가장 무서운 분이십니다"라고 B는 새로 온 경비에게 말했다.

느닷없이 내뱉은 그의 말에 나는 당황했다. 다른 주민들은 불평을 해도 나는 나름대로 그에게 호감을 가지고 대했는데 그는 내심 내게 느꼈던 솔직한 말을 내뱉은 셈이라고 할 수밖에 없었다. 아무튼 B 경비는 가고 A경비가 남아 있는 것에 나는 안도하고 있다. B가 준 꿀통은 몇 년이 지난 지금도 나의 집 찬장 속에서 그냥 그대로 있다. 꿀통을 볼 때마다 B라는 경비가 우리 아파트에 근무한 적이 있구나 생각하곤 한다. A 경비는 아직도 불편한 다리를 끌며 충실하게 근무하고 있다. 각박한 세상이라고들 해도 그래도 요즘 세상에 혼자서 살 수 있는 곳은 아파트이다. 말상대는 도처에 있으니까.

UCLA로 시간 여행

오래 전부터 내게는 소망이 있어 왔다. 그것은 UCLA를 방문하는 것이다. 아마 이번에 방문하는 것이 마지막이 될 것인지도 모른다는 생각이 들어서 더욱 간절해지는 마음이다. 지난날 대학에서 내가 연구하고 가르쳐 왔던 내 학문의 메카 같은 곳, 항상 그곳을 생각하면 젊음이 되살아나고 마음을 설레이게 하는 곳이다. 그 시절 나의 열정이 남아 있던 흔적이라도 보고 그리고 아직도 그곳에서 가르치고 있을 몇몇 교수들을 만날 수만 있다면 아니 그 사람들은 못 만나더라도 그곳에 가서 그저 옛날의 그 흔적과 냄새라도 맡을 수 있다면 내 생전에 이룩하는 멋진 시간 여행이 될 것이기 때문이다.

UCLA와 인연을 맺은 것은 1983년 그곳에서 열리는 LSA (Linguistic Society of America) 언어학자대회에 참석하는 것으로부터 비롯되었다.

전 세계에서 언어학을 전공하는 학자나 석박사 학생들이 참가하며 6주 동안 대학 캠퍼스 기숙사에 머물면서 책으로만 읽었던 유명 석학들의 강의를 직접 듣고 연구하는 학회였다. 당시 우리나라는 외국 여행을 허용하지 않았던 시기였기 때문에 특별히 정부의 허가를 받고 나가야 했다. 언어학회는 6월 하순부터 시작하기 때문에 참석을 위해서 나는 6월말 학기말 시험 채점을 부지런히 끝내야 하고 또 집에는 내가 없는 동안 일을 해줄 아주머니를 구하여 훈련시키는 등의 일을 해야 했다. 내가 미국 학회에 간다고 하면 외국여행을 허용하지 않던 시기여서 마치 호화 여행이나 하는 것처럼 질시의 눈으

UCLA 발표(시간여행)

로 보는 사람들도 있었으나 6주간을 참석하기 위하여 내가 서울에서 치르는 준비 과정은 정말 치열하다고 할 만큼 힘들었다.

학회에 참석해야만 내 연구 논문의 좋은 소재를 얻을 수 있고 실험 음성학이라는 비교적 최근에 새로 탄생되어 발전을 거듭하는 학문의 속도를 간신히 따라 잡을 수 있기 때문이다. 당시 교수들 사이에는 "논문을 쓰느냐 아니면 사퇴하느냐?"라는 농담 아닌 농담을 할 정도로 좋은 논문을 쓰는 것은 교수 생활을 지속하느냐의 열쇠를 쥐고 있는 것이라 해도 과언이 아니었다. 학회 참석을 위해 힘든 준비과정을 마치고 일단 비행기에 오르면 "후유!"하고 안도의 숨을 쉬게 되고 그때부터 밀렸던 잠에 푹 빠지게 되었다.

1983년 처음 UCLA에 도착하니 학교 캠퍼스가 너무도 넓은 반면 참가자들에게 제공된 기숙사는 멀리 떨어져 있어서 더운 여름날 30분 가까이 걸어서 강의실로 걸어갈 때는 땀을 흘리면서 가야 했다. 기숙사의 시설은 당시 우리의 수준으로도 빈약할 만큼 방 하나에 두 사람씩 기거하게 되었는데 최소한 선풍기 등의 편의 시설도 없었고 화장실과 샤워장도 공동으로 사용하게 되어 있었다. 단지 식사만은 세 끼가 뷔페로 되어 있어서 마음껏 먹을 수 있어서 좋았고 저녁만 되면 참가자들이 너도나도 음식 때문에 살찌는 것이 두려워서 학교 운동장을 뛰는 모습이 눈에 띄었다. 나도 식탐을 하다가 결국은 3킬로그램이나 무게가 늘어서 돌아오게 되었다.

나는 그곳에서 비로소 그동안 교재로 사용하고 있었던 'A

Course of Phonetics'의 저자인 음성학의 거장 피터 라드포기드(Peter Ladefoged)를 만날 수 있었고, 또 퍼트리샤 키팅(Patricia Keating)의 강의도 듣게 되었는데 나의 전공을 실험음성학으로 계속 나가야겠다는 결심을 하는 계기가 되었다. 그 후 나는 2년마다 열리는 세계 언어학자대회에 반드시 참석하게 되었다. 그동안 언어학회가 열렸던 대학은 스탠포드, 아리조나, 싼타크루스, 오하이오, 코넬대학 등 명문이여서 좋은 분위기에 심취될 수 있는 것이 장점이었다. 특히 기억나는 곳은 코넬대학이었는데 한 여름 찌는 듯한 여름에 마치 섬 같이 고립된 환경에서 이름 그대로 학생들이 투신한다는 '자살 바위'가 있는 것이 특이하였다. 1983년을 시작으로 하여 세계 언어학자대회에 참석하게 된 것을 계기로 나의 음성학 연구는 남북한 모음의 비교 분석이라는 과제에 집중하는 계기가 되었다.

오래전부터 라디오에서 중계되는 북한 사람들의 말소리에 관심을 갖게 되었는데 특히 모음 '어'를 발음할 때 '오'로 발음하여 '억양'을 '옥양'같이 발음하는 것이 특이하였다. 방언의 차이는 주로 모음의 차이에서 나타나게 되는데 해방 이후 남북한의 단절로 우리는 평양 말이나 함경 방언 등 북한 방언의 연구가 부진할 수밖에 없었다. 그러나 북한으로부터 한국으로 망명하여 오는 탈북자(당시에는 귀순자라고 불렀음)들이 생기기 시작하여 1990년대에는 소수이기는 하나 한국의 정보기관에서 귀순자들을 통제하고 보호하여서 일반 사람들이 접촉하기가 힘들었다. 어려운 일이기는 하여도 이들 귀순자들의 발음을 녹음하여 분석할 수 있다면 살아있는 방언연구가 되는 것이라는 생각이 들었다. 어렵사리 정보기관의 허락을 받아서 우선 그들의 표준어인 문화어를 말하는 평양 출신들의 귀순자들을 홍익대학의 방송국으로 초청하여서 대본을 주고 그들의 발음을 녹음하게 되었다.

그들이 방송국으로 오는 날에는 일일이 형사들이 동행하게 되었는데 정말 진풍경을 연출하였다. 귀순자들은 너무 긴장하였고 태도가 경직되어서 웬만해서는 자연스러운 발음을 낼 수가 없었다. 여러 번 연습시키고 커피를 나누면서 긴장을 풀게 하였는데 같은 민족이면서도 의사소통이 잘 되지 않았다. 제일 이해가 안 되는 말은 그들의 "일 없시요"라는 말이었는데 너무 퉁명스러워 나의 호의를 거절하는 것 같아서 움찔하게 하였다. 나중에 알았지만 그 뜻은 "괜찮다"라는 의미였다.

1994년 연구 년을 맞이하여 나는 이 음성 자료를 CSL(computerized speech lab)에 분석하기 위하여 미국 UCLA에 연구 프로젝트를 내고 한 학기 머물면서 연구하기로 하였다. 당시만 하여도 지금처럼 컴퓨터가 보편화되지 않은 때에 CSL은 서울대에 있다는 것 이외에는 알 수가 없었고 그 사용법을 배워야만 모음 분석을 할 수 있었다. UCLA는 언어학으로도 인지도가 높은 학교여서 방문하고 싶어 하는 학자들이 많았다. 북한 방언 연구라는 희귀성 때문인지 어렵게 생각되던 'Visiting Scholar' 자격으로 초청 수락서를 받게 되어서 그

곳에서 한 학기를 머물면서 연구하게 되었다.

　UCLA에 도착하여 학교가 마련해준 연구실에 출근하는 날 첫 미팅이 있었다. 연구 초빙자들이 모두 모여서 차례대로 이곳에서 수행할 연구 프로젝트를 발표하게 되었다. 내 차례가 되어 "북한 모음을 분석하기 위해서 왔다"고 하자 라드포기드 교수는 흥미를 보이며 당장 "Show us"(연구 결과를 우리에게 보여 달라는 뜻)라고 주문을 하여서 내 발표 날짜가 안내판에 고시하게 되었다. 무엇보다 급선무는 우선 기계의 조작법을 배워야 했는데 많은 시행착오를 거치며 마침내 모음을 분석하게 되었다. 발표 날이 가까워 올 때가 되어서는 아주 연구실에서 밤을 새우게 되었는데 그곳에는 항상 석박사과정 학생들이 소파에서 새우잠을 자면서 연구하기도 하여 오히려 밤이 더 북적거려서 힘이 나고 기분이 좋았다.

　발표 날짜는 다가오는데 예상대로 평안 방언의 후설 모음에 문제가 있었다. 그들은 '범'을 '봄'처럼 발음하고 '금'을 '굼'으로 발음하고, 반대로 '오번'은 '어번'으로 발음하는 것이었다. 즉 이들의 후설 모음들은 우리 표준어의 후설 모음과는 달리 그 경계가 엉켜 있는 듯이 보이는 것이었다. 그러나 그 이유는 알 수가 없었다. 며칠 밤을 꼬박 새우고 발표 일이 돌아왔다. 여느 날과 다르게 발표장에는 언어학과 교수들 및 박사과정 학생들로 꽉 차고 있었고 장내에는 뜨거운 열기가 달아오르는 듯하였다. 아직은 미지의 나라로 느껴졌던 북한 귀순자들의 발음을 청중에게 들려주고 모음을 분석한 내 자료는 뜨거운 반응을 불러 일으켰다. 더구나 그곳의 교수로 있는 전선아 교수가 내 자료를 이용해서 북한 사람들의 운율 현상을 발표하였는데 서울말과 다른 특이한 운율에 청중들은 관심을 갖는 듯했다. 음운론의 대가인 헤이스(Bruce Hayes)도 큰 관심을 보였으나 후설 모음의 엉킴 현상은 이해가 안 된다고 하였고 나는 한국에 가서 계속 연구하겠다고 말했다. 나중에 알게 되었지만 북한 방언의 후설 모음 현상은 불란서 언어학자인 '마티네(Andre Martinet)의 모음 밀어붙이기(Andre Martinet's push chain)' 이론을 적용하면 깨끗이 설명이 되었다.

  한 학기 동안 나를 짓눌렀던 발표가 끝나자 나는 마치 대학 수능고사를 치른 학생 모양으로 해방감을 느꼈고 빨리 한국으로 돌아가고 싶은 마음만 생겼다. 한국에 가서 함경도, 황해도 방언을 녹음하여 비교 분석하고 싶은 마음도 나의 귀국을 재촉시켰다. 복도에서 생전 말 한마디 나누지 않던 박사과정 남학생이 나를 보자 "나이스 프리스젠테이션(Nice presentation)"이라고 칭찬해 주었고 몇 사람들의 인사를 받은 것이 기뻤다. 그러나 어찌나 연구에 혼이 났던지 발표가 끝나자 가지고 다니던 열쇠뭉치를 잃어버린 것이 발견되었다. 열쇠뭉치에는 아파트 출입문 열쇠와 내 짐 가방 열쇠가 포함되었다. 아파트 열쇠는 돈을 주고 다시 장만하였고 짐 가방 열쇠는 백화점에 가서 아예 새 트렁크를 사야 했다. 적지 않게 돈이 들었으나 마음만은 한없이 기쁘고 가벼워졌다.

  며칠 지나자 전선아 교수로부터 북한 방언을 공동 연구하자는 제의를 받았다. 그녀는 오하이오 대학에서 음운론으로 박사학위를 우수한 성적으로 받았고 UCLA 대학에 음운론 교수로 채용되어 미국 학계를 놀라게 만든 촉망받는 학자였다. 언어학과 채용 공고에 우수한 미국 학자들도 응모하였으나 미국인들을 물리치고 동양 사람이 선발되었는데 큰 이유 중의 하나는 기존의 학자보다 장래에 큰 학자가 될 사람으로 뽑았다는 것이 이유였다. 또 다른 이유로는 UCLA의 경제 예산이 좋지 않아서 기존의 명성이 있는 학자보다 신진 학자가 인건비도 저렴한 것도 이유라는 소문이 돌았다. UCLA 언어학과에 새로 등재된 신예는 무서운 속도로 자라나는 것이 눈에 보이는 듯했다. 그녀는 항상 연구실에 붙어서 연구하고 있었고 휴일이나 주말에도 아침만 먹으면 어김없이 연구실로 출근하여 온종일 책과 씨름하고 지냈다.

물론 언어학과의 부르스 헤이스 교수나 그의 아내인 퍼트리샤 키팅 교수도 항상 주말에도 연구실에 출근하여 연구하고 있었으나 주위 사람들에게는 전선아씨의 연구하는 모습이 더 큰 감동을 주는 듯했다. 그녀는 학문 이외에는 인생의 모든 것을 포기한 사람 같았고 학문을 위해 목숨을 건 듯한 독한 면이 풍겨 나와 주위 사람들의 옷깃을 여미게 하였다. 주위의 미국인 교수들도 그녀를 가르켜 "딜리전트(diligent) 걸(부지런한 사람)이라고 말했는데 중학교 교과서에 '부지런하라'는 교훈의 글을 읽은 이래로 오랜만에 들어보는 단어였다.

전선아 교수의 공동연구 제의는 의외여서 잠시 당황하였다. 그러나 생각해 보면 미국에 있는 교수들도 역시 학문적 업적에 대해서 스트레스를 가지고 있었음에 틀림없었고 북한 방언 연구야말로 도전해 볼만한 대상이 아닐 수 없었을 것이다. 그녀의 전공 연구는 운율이었고 나의 전공 분야는 분절음이어서 겹칠 염려는 없었다. 공동 연구의 조건으로 그녀는 자기가 '제일 저자(first author)'되어야 하는데 그 이유는 학회지에 실리고 인정을 받으려면 UCLA의 교수가 '제일 저자'가 되어야만 한다는 것이었다. 당시 그녀의 나이는 나보다 20년 이상이나 젊은 1959년생이었고, 나의 아들보다 불과 3년 더 먹은 딸 같은 나이였다. 북한 방언은 내가 어렵사리 발굴해낸 〈나의 연구〉였고 또 무엇보다 귀순자들의 발음을 녹음하는 작업은 쉽지 않은 일인데 그것도 나만이 할 수 있는 일이었다. 공동 연구를 하게 되면 그녀는 미국에서 쉽게 연구자료를 나에게서 공급받는 이점이 있었고 '제일 저자'인 공동 연구는 그녀의 연구로 각광을 받을 소지가 있었다. 내 자신이 개발한 내 연구를 '제이 저자'가 되면서까지 그녀와 공동연구를 할 필요를 나는 느끼지 못했다. 한 마디로 내 연구를 빼앗기게 되는 것이다.

간혹 대학에서 가끔 교수들이 제자를 키우는 의미에서 제자에게 연구의 허드렛일을 시키고 자기가 논문의 '제일 저자'가 되고 제자는 '제이 저자'로 정해서 발표하는 경우를 보아 왔다. 논문은 항상 '제일 저자'가 주목을 받게 되고 그의 논문으로 간주되는 일이 보통이었다. 한국에 돌아와 음운론의 제 일인자로 간주되는 서울대학교

J교수에게 이 제의를 얘기하자 그는 노발대발하며 "선생님 연구이니 혼자 하세요." 말하며 "자기가 '제일 저자'를 하겠다니 젊은 사람이 괘씸하다"라고 말하였다. 나도 동감이어서 즉시 그녀에게 적당한 이유를 들어서 거절의 뜻을 보냈다. 애초에 계획대로 내 논문은 한국 언어학회지에 실려도 충분하다고 생각되었다.

그 후 나의 연구는 순풍을 만난 돛단배처럼 무서운 동력을 얻어 물위를 미끄러지듯 진척되어 나갔다. 서울로 돌아와 "남북한의 모음 분석", "함경 방언의 모음체계", "황해 방언의 모음 체계", "북한 후설 모음의 융합 현상", "북한 모음 /ㅜ/→/ㅡ/에서 발견되는 과잉교정 현상", "표준말과 문화어의 장단모음 분석", "서울 화자의 음장에 대한 변별성" 등의 논문을 학회지 및 학술대회에서 잇달아 발표하였다. 연달아 나오는 내 논문을 위해서 발표할 장소가 필요하였다.

오전에는 서울에서 개최되는 학술대회에서 발표하고 오후에는 지방 대학에서 열리는 학술 대회에서 발표하기 위해서 비행기를 타고 대구에서 열리는 학회장에 가서 발표를 하였다. 2년마다 발간되는 홍대에서의 나의 마지막 교수 업적지 1998년~2000년 호에는 9편의 논문 제목 및 단행본의 제목이 실려서 대학본부 관련 교수에게서 놀랍다는 인사를 받기도 했다. 한때는 2년마다 문교부에 보고하게 되어 있는 논문이 단 한 편으로 간신히 턱걸이로 통과되기도 한 일을 생각하면 만감이 교차되었다. 나뿐만이 아니었다. 미국 유수한 대학에서 학위를 받고 새로 부임한 젊은 교수 몇 사람도 정보에 어두워서 논문을 쓰지 못해 감봉 처분을 받은 사례도 있었다. 그러나 그 교수는 심기일전하여 열심히 논문을 발표했을 뿐 아니라 몇 년 안 되어서 모교인 서울대학교로 직장을 옮겨 버렸다. 위 논문들을 끝으로 2002년 2월에 나는 홍익대학교를 미련 없이 정년 퇴임하였다.

대학교에서 은퇴한 교수들의 학회에서의 위치는 애매한 것을 볼 때가 있다. 아주 뛰어난 일인자도 예외 없이 은퇴 후에 너무 오래 학계에서 주름 잡고 있는 것을 젊은 후학들이 좋아하지 않는 분위기가 있다. 학교를 일단 떠나면 그의 학문적 발판이 없어지는 것이나 다름없는 것이 우리나라 학계의 현실이었다. 미국 학회에서는 은퇴한 지 오래되는 머리가 하얀 나이든 여교수가 발표장에 나와서 당당히 발표하는 것을 보면서 놀라움으로 목격한 적이 있었다. 가까운 음운론 학회에서 몇몇 교수들이 70이 넘어서 학회에 나와 토론에 참여하다가 따가운 시선을 느껴 타의 반, 자의 반으로 학회에서의 활동을 접은 사연을 들어서 알고 있다.

나는 뒤를 돌아보지도 않고 은퇴 후 새 세상으로 들어갔다. 초등학교 때부터 나의 꿈은 글을 쓰는 일이었다. 학문을 한답시고 글을 쓰고 싶어도 여력이 없었다. 은퇴하기 직전 〈북한어 모음체계의 실험 음성학적 연구〉(2001)와 〈지구촌 언어 여행〉(2003), 〈골드 위도 홀로서기〉(2009)를 단행본으로 펴내었다. 진작 학교에 있을 때부터 글을 쓰기 시작하였더라면 하는 마음이 있었으나 앞으로나마 내가 그토록 원하였던 일에 매진하게 된 것에 감사한 마음이 들었다. 한국 문인협회에 정식으로 회원으로 등록하였고 가끔 수필을 발표하였고 삶과 죽음 학회에 등록하여 수료 과정을 거쳐 지도자 자격증을 획득하여서 재능 기부로 평생 대학 등에서 특강을 하기도 하였다. 여행도 틈틈이 하였는데 미국 LA를 들를 때마다 UCLA가 그리워서 혼자 그 대학 교정을 거닐기도 하였다.

가장 최근이 2007년인데 그때도 학교 수풀 우거진 입구 근처까지만 갔었다. 양탄자를 펴놓은 듯한 포근한 풀밭 위 벤치에 앉아서 UCLA의 일을 잠시 추억하였다. 바로 그때 내 머리를 후려치듯이 당시 전선아 교수가 공동 연구하자는 제의가 생각났다. 그때 그에게 연구 거절을 한 이후로는 정말 까맣게 잊어버리고 있었는데 이 생각이 나자 순간 가벼운 분노 같은 것을 느꼈었다.

그로부터 8년 후 작년 추수감사절 휴가가 끝나고 LA의 마지막 날 아침 나는 UCLA 언어학과를 향하였다. 지름길인 뒷문을 통하여 이름 모를 꽃나무들로 이루어진 숲길을 지나면서 원래 이렇게 먼 길이었나, 그때는 숲이 좀 더 우거진 길이었는데…… 길을 잘못 든 것이 아닐까 하며 걷는데 아직도 언어학과 건물은 나타나지 않았다. 중간에 지나가는 남학생에게 언어학과 가는 길을 물으니 "아마도 저쪽인 것 같다"고 말한다. 이곳 학생들은 자기네 학과 전공이 아니면 모두 관심을 두지 않는 것 같다. 자신의 전공 공부하기도 힘드는 일이니까 그럴 것이다. 걷다가 중간 어느 한 건물에 헤인스라고 눈에 익은 건물이 있어서 아, 여기구나 하고 들어가니 그곳은 사회학과 건물이었다. 바로 그 앞 건물에 켐벨(Campbell)이라는 건물을 보고는 단숨에 뛰어 갔다. 바로 이 건물이다. 마침 점심시간이니 수업을 마치고 교수들은 자기네 연구실로 들르는 시간이므로 그들의 시간을 축내지 않고 잠시 만나 볼 수 있는 절호의 시간이다.

이층 언어학과 사무실과 실험실이 있는 곳의 문을 열고 들어가니 옛날 그대로의 배치이다. 첫 번째 사무실에는 퍼트리샤 키팅 교수가 열심히 컴퓨터를 켜고 무엇인가 검토하고 있었다. 옛날 그대로의 모습이나 세월의 흔적을 볼 수 있는 모습이다. 가운데 방은 역시 전선아 교수의 사무실, 아직 잠겨 있다. 그리고 다음 사무실은 퍼트리샤의 남편인 브루스 헤이스의 사무실, 역시 잠겨 있다. 아마 곧 돌아올 것이다.

나는 그녀가 돌아오기를 기다리기로 하고 복도 의자에 앉아 벽면을 바라보았다. 적지 않은 벽 전체를 세계지도가 펼쳐져 있었다. 세계 모든 언어의 유형학(typology)을 연구하는 언어학과라면 당연히 이 언어지도는 필수일 것이다. 지도를 살펴보면서 그 거대한 지도 속에 중국대륙 밑에 꼬리처럼 달린 아주 작은 한국이 있고 그 한국 속에 점보다도 작은 서울, 그 속에 살고 있는 나는 얼마나 하찮은 작은 존재인가를 새삼 깨닫고 있었다. 이 지구상에서 사용되는 언어수는 약 6000~5000여 개이고 방언의 수는 약 41806개로 추산된다. 우주의 나이는 약 137억 년이 되고 지구의 나이는 약 45억 년으로 추산된다. 이것에 비하면 겨우 70~80년을 죽을 둥 살 둥 몸속의 에너지를 쥐어짜듯 살고 있는 나는 얼마나 어리석은 존재인가를 생각하고 있을 때 문이 열리며 브루스 헤이스가 들어왔다. 나는 어정쩡하게 목례를 하고 계속 전 교수를 기다리고 있었다.

아주 안 오면 어쩌나 싶어서 브루스 헤이스 방으로 가서 인사를 하였다. 어떻게 말문을 터야 할지 몰라서 20년 전 이곳에서 연구논문을 발표한 사람이라고 인사 하였다. 그러자 그는 웃으면서 주저 없이 "아이 리멤버 유."(당신을 기억한다)라고 말하는 것이 아닌가? 20년이라는 적지 않은 시간 동안 일 년에 몇 명씩 방문교수가 오고 가는데 세계적인 대학자가 나를 기억한다니 당시 무엇인가 내 발표에 깊은 인상을 받은 것이나 아닐까, 순간 감격과 같은 것이 내 전신에 흐르는 것을 느꼈다. 오직 이 소리를 듣기 위해서 힘든 시간을 들여서 온 것이 아닐까? 북한 방언을 연구하겠다는 결심이 서자 여건이 되지 않았음에도 UCLA로 결행을 감행한 나의 열정은 젊음만이 가질 수 있는 무모할 정도의 용기가 아니었을까? 그 당시에 나에게는 실패에 대한 두려움이 없었다. 지금 생각해 보니 그 시절이 내 학문 활동의 절정기가 아니었을까? 그리운 마음이 내 가슴속을 적시고 있었다.

헤이스 교수가 기억한다는 말에 답으로 나는 그에게 20년 전 내 발표 당시 북한 방언의 후설 모음의 문제는 '마티네의 모음 밀어붙이기' 이론을 인용하면 설명이 된다는 말을 하였으나 그는 그것까지는 기억할 수 없었던지 듣기만 하였다. 바로 그때 전선아 교수가 돌아왔다.

"하나도 변하지 않았어요." 우리는 서로 상대에게 이렇게 말을 하며 반겼다.

"선생님은 한국에서 계속 연구하고 계셨던데요"라고 그녀는 내게 말했다. 귀국해서 계속 서울대학교 언어 연구지에 실렸던 내 논문들을 그녀는 살펴보고 있었던 것이다. 그녀는 자기의 저서 두 권을 내게 건네 보였다. 제목은 "Prosodic Typology I, II"권을 내 보였다. 유럽 20개국의 운율을 연구한 것이라는데 대단한 업적이었다. 20년 전 내가 귀국하고 얼마 안 되어 전 교수는 라드포기드 교수와 제주도 방언을 공동 연구한다는 소문이 한국에 들려 왔는데 어떻게 그 연구가 무산되었는지 궁금하였다. 대학자이면서도 주위 사람들에게 특유의 친화력으로 감싸주었던 라드포기드가 2006년(80세)에 세상을 떠났다니 그 따스한 언어학과의 분위기가 계속 이어가기를 바라는 마음이었다. 나도 은퇴 후 내 근황을 알려 주었고 작년에 서울대에 왔었다는 그녀의 말에 다음번에 혹시 서울을 방문하여 묵을 곳이 마땅치 않으면 우리 집에 연락하기를 진심으로 부탁하였다. 20년 전 그녀의 도움으로 UCLA에 가까운 편리한 아파트를 얻는 신세를 졌고 마지막에 약간 서먹했던 감정이 있었으나 그 순간에 완전히 사라진 셈이다.

그녀와 헤어져서 교내 식당에 들어오니 한 가운데에 난로에서는 활활 나무가 불타고 있었고 그 주위에는 중동에서 온 듯한 유학생들이 불을 쬐고 있었다. 그 온기가 좀 떨어져 있는 나에게까지 전해 오는 것은 단지 나무가 타는 불길로 인한 것만은 아니었다. 20년 만에 이루어진 그녀와 나눈 이해와 화해의 악수로 인한 따스함이 아니었을까?

20년 후 재회한 그녀의 모습은 별로 변한 것이 없어 보였다. 혹시 UCLA라는 곳에서는 우리가 한국에서 보낸 20년의 세월이 흐른 것이 아니라 불과 몇 년만 흐른 것이 아닌가? 순간 영화 '인터스텔라'에서 우주여행에서 돌아온 장년의 젊은 아버지가 오매불망 아버지를 기다리던 딸 머피를 만났으나 그녀는 이미 파파 할머니가 되어 숨을 거두는 장면이 떠올랐다. 한때는 일 년에 여섯 번이나 해외여행을 하던 때와는 다르게 점점 미국과 같은 장거리 여행이 힘들어지고 있는 지금엔 서울에서 9~11시간 걸리는 LA로의 여행도 세월이 흐를수록 우주여행처럼 멀게만 느껴진다.

이번 기회에 언어학과의 전선아 교수와 브루스 헤이즈를 만난 것은 참 잘한 것이다. 우주과학의 발달로 인간이 우주 공간을 여행하는 것이 가능해지는 날이 올 것이다. 우주 공간 블랙홀 가까이 날아갈수록 시간은 지구보다 느리게 흐른다고 하니 앞으로 젊은 세대들은 그곳으로 날아가 지구에서 보다 몇 배의 인생을 살며 더 많은 업적을 쌓을 날이 올 것이다. 100년 인생이라고들 쉽게 말들 하지만 내가 언제까지 살지는 모른다. 그러나 내가 현재 할 수 있는 일은 허락된 시간을 블랙홀 근처에서처럼 시간을 길게 늘여 촌음을 아끼며 하고 싶은 일을 하면서 살아가는 길이라고 생각한다.

추억의 집 방문기

"어디에 살고 있는 분들에게 나누어 줄 것인지 직접 보여주실 수 있겠어요?."

나는 〈골드 위도 홀로서기〉에서 받은 고료를 가지고 영등포 구청 산하 노인 복지회관의 복지사에게 요청하였다. 영등포는 내게 특별한 곳이다. 내가 초등학교 5학년 때 종로구 도렴동으로부터 이사하여 결혼할 때까지 살았던 곳이다. 물론 그 사이에는 6.25전쟁이 발발하여 4년간 부산으로 피난 갔던 세월을 제하고 쭈욱 그곳에 살았었다. 영등포 역 근처 옛날 필 백화점(지금의 타임스 스퀘어) 건너편에 있는 삼일 빌딩 자리가 바로 나의 아버지가 '강외과 의원'이라고 간판을 내걸고 개업하시던 곳이었다. 암울하고 경제적으로 어려웠던 시절이라 병원인들 잘 될 리가 없었다.

기껏 치료해 주고 나면 돈이 없다고 외상으로 하자는 환자가 대부분이었고 밤에 병원 문을 두드리며 왕진을 청하는 환자를 따라서 한 시간 이상을 걸어가서 아버지는 환자를 치료하였다. 밤에 찾는 환자는 대개가 가난한 사람들이었다. 돌아올 때 아버지는 거의 빈손이었다. 요즘은 소위 '사'자를 가진 직업인들, 의사, 변호사가 잘 나가는 고액 소득자인데 당시의 아버지는 그렇지 못했다.

〈골드 위도 홀로서기〉는 다행히 조선일보에 인터뷰 기사로 크게 기재되어 홍보 효과가 컸었다. 그러나 원래 자비로 책을 출판하였고 출판사에서는 인세를 대신해서 책으로 내게 주었다. 고맙게도 주위의 친지들이 책을 사주었다. 나는 이 분들에게는 할인하여 주었고 멀리 있는 분들에게는 개인 비용으로 우편요금을 물어 주었고 택배로도 배달하여 주었다. 그렇게 해서 모인 돈이 백만원이 채 안 되었으나 언제까지 기다릴 수는 없어서 부족분은 개인 돈으로 채워 넣었다. 나는 이 책을 내면서 인세가 들어온다면 반드시 노인들을 위해서 사용하겠다고 결심하였었다. 나는 영등포 구청에 전화하여 나의 기부 취지를 설명하였고 가상 잘 처리해 줄 기관을 소개해 달라고 하였다. 이렇게 해서 나온 사람이 바로 노인 영등포복지회관의 복지사였다. 대학의 복지과를 졸업한 지 얼마 되지 않은 젊고 예쁜 여자 복지사가 소형차를 몰고 구청 사무실로 찾아 왔다.

"기부 영수증을 주십니까?" 이것이 나의 첫 번째 질문이었다. 내가 기부하는 돈이 공적으로 투명하게 잘 처리되기를 원하기 때문이었다.

"나는 영등포에서 살던 사람인데요. 어떤 곳에 사는 분들에게 주실 건지 안내해 줄 수 있겠어요?" 나는 마음속으로 그 옛날 밤중에 병원 문을 두드리던 환자 가족을 따라서 아버지가 왕진가방을 들고 거의 한 시간이나 걸어서 가던 그 장소를 상상하며 말하였다. 흔쾌하게 내 요청을 받아들인 여복지사는 나를 차에 태우고 우선 내가 경유하고 싶은 곳을 말하라고 하였다. "경방 필 백화점 앞이요. 옛날 아버지가 개업하시던 곳이에요." 내가 아침이면 학교를 가기 위해 집을 나설 때 길 건너 보이던 경방 공장의 긴 담장은 사라진 지 오래이고 이제는 그 자리에 경방 필백화점이 신세계에 흡수되어 새 건물을 짓고 있었다.

우리가 살았고 아버지가 개업하시던 장소에는 지금 삼일빌딩이 들어서 있다. 아버지의 병원을 허물고 번듯한 삼층짜리 삼일병원이 들어섰는데 한동안 성업하였었다. 지금은 그 병원은 문을 닫고 대신 치과, 음식점, 사무실 등이 들어와 있다. '영등포동 4가 63번지.' 나는 이 오래된 번지도 잊어버려서 어느 날 몰래 삼일빌딩 입구에 비치된 남의 우편함에서 편지 봉투에 적혀 있었던 주소를 보고야 기억해 낼 수 있었다. 여의도에 살고 있기 때문에 시간이 날 때마다 참 많이도 이 삼일빌딩 앞을 배회하였다.

우리의 집은 이층 낡은 일본식 건물이었으나 집터는 200평이 훨씬 넘었다. 병원 건물 넓은 뒷마당에 우리는 옥수수를 심어서 삶아 먹었는데 밭에서 금방 따서 먹는 옥수수의 맛은 시장에서 파는 것과는 비교도 안 되게 달고 맛이 있었다. 그리고 채송화, 봉숭아, 국화, 분꽃 같은 수없이 많은 꽃들을 심어서 찬란한 여름 한때를 시간 가는 줄도 모르게 지냈다. 우리 오남매는 저녁노을이 비치는 저녁에 뒤뜰을 바라보고 앉아서 떠들며 놀았었다. 우리는 언쟁도 많이 하였으나 목소리가 커서 신나서 떠들면 꼭 싸움하는 소리로 들렸을 것이다. 내가 영등포 집을 그리워하는 이유는 비록 풍요롭지는 않았으나 오늘날 TV와 인터넷, 게임으로 숨막히는 현대 가정생활에서 도저히 맛볼 수 없는 목가적인 서정성이 그 곳에 있었기 때문이다. 그때는 그 따스함을 몰랐었다. 이런 어릴적 습관 때문에 지금도 나는 베란다에서 화분에 꽃나무를 키우며 즐기고 산다.

영등포집의 병원으로 사용하던 건물은 일본식 낡은 건물이었고 그 뒤쪽에 살림집도 낡은 한옥이었다. 겨울에는 웃풍이 세어서 몹시 추웠다. 피난을 갔다 오니 병원 이층 벽이 폭탄을 맞아 큰 구멍이 생긴 채로 그대로 방치되어 있었다. 우리가 결혼하여 떠나 간 후 아버지와 어머니는 너무 노쇠하여서 더는 이 춥고 낡은 건물에 거주할 수 없다고 사정사정하며 헐값에 팔고 말았다. 일 년도 안 되어서 영등포 역전은 개발 붐이 불어 닥쳐서 땅값은 치솟았다. 돈 버는 사람들은 항상 따로 있구나 하는 생각이 이곳을 방문 할 때마다 내 뇌리를 스친다.

복지사는 얼마 가지 않아서 영등포역에서 경인로로 가는 곳에 교각들이 교차하는 곳으로 나를 안내하였다. 멀리서는 그냥 다리로 보였으나 가까이 가보니 다리 밑에는 자동차 부품을 팔고 수리해 주는 가게도 있었고 조그마한 문들이 연결되어 있는 쪽방 촌들이 있었다.

"바로 이곳에 사시는 분들이 대부분이 노인들이십니다."
"안으로 들어가 볼 수는 없나요?"
"그것은 안 돼요. 자존심을 상하게 하는 문제입니다."
"우리는 가을에 쌀을 노인분들에게 드릴 건데요. 혹시 쌀 대신 돈으로 조금씩이라도 나누어 주기를 원하시나요?"
"아니에요. 쌀로 주시는 대로 해 주세요." 혹시 돈으로 드리면 술이나 담배로 써버리는 것이 아닐까 염려되어서였다. 액수는 적으면서도 꽤나 이것저것을 따지는 것이 미안하여서인지 "지금 이 돈은 시작에 불과합니다. 노인들에게 잘 분배해 주신다면 앞으로 계속 가져 올 생각입니다. 꼭 인세라야 하나요?"라고 나는 말했디.

헤어지면서 또 한마디, "TV에서 보면 언덕 비탈에 판자촌들이 있는 곳들이 있는데 어디에 있나요?"
"영등포는 공장 지역이라 그런 곳은 없어요. 신길8동에 가면 지금도 그런 곳이 있답니다." 확실한 날짜는 몰라도 다음번에는 신길동 (이 곳도 영등포 소속이다) 복지회관으로 가면 되겠구나 라고 생각하니 또 하나의 목표가 정해진 듯 마음이 설레기조차 하였다.

어머니의 꿈 해몽

어머니에 관해 추억할 때 가장 인상 깊게 떠오르는 것은 어머니의 꿈 이야기이다. 독실한 기독교 신자이기도 하셨던 어머니의 꿈은 생시에도 잘 맞는 신통력 같은 것이 있어서 어릴 때 주일학교에서 배운 '꿈 해몽의 능력'을 부여받은 요셉을 생각나게 하였다. 예를 들어서 어머니가 어느 날 객지에 가 있는 큰언니가 꿈에 보이더라고 하시면서 혹시 아프지 않는가 염려를 하시면 틀림없이 얼마 후 언니로부터 아프다는 연락이 왔다. 대개 다른 집안의 어른들도 이런 정도의 꿈은 꾸신다고들 들었지만 우리 어머니 꿈은 이런 정도를 넘어서 현실 세계를 옮겨다 놓은 듯 상세한 것들이 많았다.

어느 때는 우리 형제들이 어머니가 금하는 일을 위반하고 있을 때 어머니는 영락없이 꿈을 꾸시고는 우리를 다그치셨다. 그럴 때마다 우리는 겉으로는 완강히 부정을 하였지만 속으로는 어머니 꿈의 신통력에 혀를 내두를 지경이었다. 아무튼 우리 형제들은 어머니 몰래 비밀을 감추었다가 꿈을 통해서 비밀이 들통 나지나 않을까 전전긍긍할 정도였다. 꿈에 관한 연구로 유명한 프로이드는 생시에 억압된 욕망이나 불안이 변형되어 꿈속에서 나타난다고 하였고 주로 성적인 것이 상징으로 나타난다고 하였는데, 어머니 꿈은 그런 꿈 이론의 대가의 주장과는 무관하였고 차라리 구약 성경에 나오는 요셉의 신비스런 능력에 더 가까웠다고나 할까. 그러나 요셉은 노예로 팔려 간 이집트 왕의 꿈을 해몽해 주는 능력이 있었던 반면에 어머니는 당신의 꿈을 통해 현실을 꿰뚫어 보는 능력이 있으셨다.

물론 어머니가 매일 꿈을 꾸시는 것도 아니었고 또 모든 꿈이 다 그대로 다 들어맞는 것은 아니었다. 지금도 생생히 기억에 남는 것으로는 태어난 지 백일도 안 되어 마마를 앓다 세상을 떠난 남동생 순형이에 관하여 꾸신 꿈이 있다. 순형이는 니보다 세 살 아래였는데 당시 형제 많은 집(6남매)에서 으레 그렇듯이 전염병으로 돌던 마마를 온 형제가 차례로 돌아가며 앓게 되었다. 몸이 비교적 건강하였던 위 형제들은 병을 거뜬히 앓고 나왔는데 마지막으로 내가 앓았고 남동생에게 옮기게 되었다. 마마를 앓게 된 남동생은 갓난아기여서인지 쉽게 낫지를 않았다. 당시는 일제 말기라 부족한 모유를 보충할 만한 우유나 이유식이 없었던 시절이라 남동생은 영양이 좋지 않은 상태여서 병을 이기지 못하고 거의 회복 불능 상태에 이르렀던 것 같다.

지금도 아련히 기억에 남는 것은 당시 네 살이었던 내가 아기가 있는 건넌방 근처에서 떠들고 놀면 어머니는 근심 어린 표정으로 아기가 깬다고 다른데 가서 놀라고 주의 주셨던 기억이 난다. 아기가 건넌방 아랫목에 강보에 싸여 누워있던 모습이 어린 시절 내 기억에 희미하게 떠오른다. 당시는 식품은 물론 약이 귀했던 대동아 전쟁 시기였으므로 해방 후 기적처럼 출현하여 수많은 목숨을 구한 소위 '기적의 약'인 페니실린도 없었고, 병을 앓으면 절망적이 되는 것이 예사였다. 의사이신 아버지는 구할 수 있는 귀한 약은 다 구하여 사용하고 최선을 다했음에도 또 어머니의 목숨을 다한 간호와 간절한 기도에도 불구하고 남동생은 백날을 얼마 못 넘기고 결국 하늘나라로 떠나게 되었다.

갓난아기의 병세가 심상치 않아 거의 절망적으로 보였던 어느 날 어머니는 아기 옆 방바닥에 엎드려 기도를 하셨다. 어머니의 기도하는 방식은 독특하여서 무릎을 꿇고 엎드려서 옆의 사람이 듣는 것은 아랑곳없이 큰 소리로 마치 이야기하듯 몇 시간이고 원하는 바를 하느님에게 간곡히 부탁하고 비는 것이었는데, 어릴 때 나는 흐느끼며 기도하시는 어머니의 소리에 잠이 깨었다가 다시 잠이 들곤 하였다. 어머니의 기도 소리는 어린 나에게 마치 자장가와 같이 친숙한 것이었다.

그 날 밤도 어머니는 방바닥에 엎드려 남동생의 병을 낫게 해달라는 간곡한 기도를 하셨는데 아마도 기도하는 중에 깜빡 잠이 들어서 꿈을 꾸셨던 것 같다. 안방 윗목으로부터 홀연히 하늘로부터 하느님의 심부름을 왔다고 하며 천사가 방으로 들어왔다. 우리가 흔히 성화에서 보는 것 같은 날개는 보이지 않았으나 잘생긴 서양사람 얼굴의 청년이 나타나 '하느님이 아기를 데려 오라고 해서 데리러 왔다'고 말했다고 한다. 기절할 듯이 놀란 어머니는 '하느님이 젖먹이 아기를 어떻게 기르려고 데려 가시려 하는가'고 젖을 뗄 때까지만 데리고 있게 해달라고 사정을 하셨다. 그러자 천사는 '하느님은 젖도 있고 아기에게 필요한 더 좋은 모든 것을 가지고 계시니 염려 말라'고 대답하였다고 했다. 그러자 어머니는 다급하여 아기를 몇 달간만 아니 며칠이라도 더 있게 해달라고 간청하였으나 천사는 하느님의 명령을 어길 수 없다고 냉정하게 말하면서 어머니가 말릴 사이도 없이 그대로 아기를 데리고 나갔다고 했다. 어머니는 곧 잠에서 깨셨는데, 꿈에서 본대로 아기는 곧 숨을 거두게 되었다.

어머니가 돌아가실 때까지 납득할 수 없었던 부분은 천사가 아기의 옷 뒷덜미를 움켜쥐고 사라졌다는 것이었다. 인자하신 하느님의 명을 받아 아기를 데려가는 것이라면 백날 남짓한 아기를 품에 잘 안고 가야 할 터인데 아무리 생각해도 무자비하게 뒷덜미를 움켜쥐고 나간 것이 못내 어머니는 서운하다고 하셨다.

어린 시절 이 이야기를 어머니에게서 들을 때 나 역시 이해할 수 없는 부분이 이것이었다. 하느님이 데려 오라는 아기라면 왜 품에 고이 안고 가지 않고 그렇게 무지막지하게 들고 간단 말인가. 어머니는 상당히 오랫동안 남동생을 잃은 슬픔으로 식음을 전폐하셨으며 그 우울한 분위기는 어린 시절 일제 말기의 암울한 분위기와 함께 우리 집안을 어둡게 하였다. 어머니는 꿈 이야기를 교회의 목사님이나 전도사나 또 다른 신도들에게도 여러 번 이야기하셨을 것이다. 그러나 어머니의 의문에 대한 답은 돌아가실 때까지 아무에게서도 들은 것 같지는 않다.

어머니는 80세에 돌아가셨다. 총명하셨던 어머니의 삶은 결코 평범한 것이 아니었으므로 우리에게 남기고 간 자리가 컸다. 도처에 흩어져 있던 어머니의 원고가 발견되었고 어머니의 유품을 정리하면서 우리 형제들은 꿈은 컸으나 불우했던 어머니의 삶이 이 시대 여성의 표본이라고 생각되어서 가슴이 아팠다.

2002년 어머니가 돌아가신 지 만 20년이 되는 해 여름, 몇 사람의 동창 문인들이 만나 환담을 하게 되었다. 그때 우연찮게도 나는 남동생이 죽을 당시의 이야기를 하게 되었고 왜 천사가 아기의 목 뒷덜미를 움켜쥐고 갔는가 납득이 안 된다는 말을 하였다. 그러자 신실한 기독교인인 한 선배가 구약 성경 에스겔 8장을 보라고 권하였다. 거기를 읽으면 인간의 가치관으로 하느님 나라의 가치관을 판단할 수 없다는 것을 알게 된다고 했다. 나는 그가 권한대로 구약 에스겔 8장을 읽었는데 그 곳에는 그 시대의 예루살렘의 죄악상이 자세히 묘사되고 있다. 신은 그가 사랑하는 제사장 에스겔에게 예루살렘의 타락상을 보여주고 그 죄악의 도시를 멸할 수밖에 없음을 납득

시키기 위하여 에스겔의 머리털 한 모숨(가느다란 물건이 주먹 안에 들 만한 수량)을 공중으로 들어 올려서 예루살렘으로 데려간다. 에스겔의 탄원에도 불구하고 결국 극도의 타락에 빠진 예루살렘은 소수의 의인만을 제하고 신의 노여움을 사서 멸망하게 된다.

에스겔은 부시의 아들로 특별히 신의 택함을 받은 제사장이다. 그럼에도 그를 공중으로 들어 올려서 예루살렘으로 데려 가는 방법이 우리 의식구조로서는 이해가 되지 않는다. 전지전능한 신인데 하필이면 그가 선택한 제사장의 머리털 몇 가닥(한 모숨)을 들어 올려서 예루살렘으로 공수를 하다니. 어릴 때 친구들과 머리끄덩이를 잡아당기며 싸워 본 경험이 있는 사람이면 알 것이다. 머리카락 몇 가닥만 뽑혀도 상당히 통증을 느낀다. 또 사람의 머리카락을 잡아당기는 것은 상대방을 모욕하는 행위로 인간 세계에서는 간주된다. 또한 어머니가 꿈에서 본 것처럼 아기의 뒷덜미를 잡아채는 행위 역시 같은 맥락으로 해석된다.

그러나 문제는 누구의 눈으로 보느냐다. 신의 세계에는 인간이 이해할 수 없는 그들만의 법과 행동의 척도가 있을 것이다. 그것을 인간 세계의 척도로 판단해서는 안 될 것이다. 생각해 보면 인간 세계에서도 어떤 문명권에서는 맨 손으로 음식을 먹는 것이 자연스러운 일이지만, 또 다른 문명권에서는 손으로 먹는 것은 야만스러운 행동이고 스푼이나 젓가락으로 먹는 것이 문명인다운 행동으로 간주되는 것과 같을 것이다. 어머니는 끝내 이 사실을 모른 채 세상을 하직하셨으나 하늘나라로 가시는 순간에 이미 다 아셨을 것이다. 그리고 하늘나라에서 남동생 순형이를 만나 모자의 회포를 풀고 계시리라.

어머니가 꾸신 또 하나의 명 꿈은 아버지에 관한 것이었다. 아버지가 세브란스의 외과 의사로 계실 때 미국에 유학 갈 좋은 기회가 주어졌다. 당시 착실하였던 아버지는 미국 교수들의 눈에 띠어서 전액 장학금을 받아서 미국에 의학 공부를 하러 갈 기회를 얻게 되었다. 다른 사람들 같으면 이런 좋은 기회를 얻었으면 당장 응했으련만 만사에 조심스럽고 소극적인 아버지는 뒤에 남기고 갈 가족들이 걱정이 되어서 머뭇거리셨다.

아버지 본인은 전액 장학금을 받아서 미국에 간다 하여도 뒤에 남아있는 가족에게는 생활비가 나오지 않기 때문에 누가 생계비를 대느냐가 걱정이었다. 물론 장학금에는 가족에게 지급하는 생계비는 없었지만, 일단 아버지가 결심하고 떠나신다면 할아버지가 계셨기 때문에 걱정할 일은 아니었다는 것이 후에 우리들에게 들려주신 어머니의 설명이었다. 당시 할아버지는 금광을 경영하고 계셨고 소실을 거느리고 딴 살림을 하고 계셨으며 몹시 인색한 분이시기는 했어도 설마 손자 손녀들을 나 몰라라 하시지는 아니 하셨을 것이라는 것이다.

이렇게 결심을 못 하고 미적거리고 있을 즈음 어머니는 어느 날 꿈을 꾸셨다. 산타할아버지가 큰 나무를 들고 옛날 우리가 살던 종로구 도렴동 집 앞에 당도하였는데 그 나무에는 보기만 해도 탐스러운 선물 꾸러미들이 주렁주렁 달렸다고 했다. 어머니는 마음 같아서는 그 나무 가지에서 탐스러운 선물들을 마구 따고 싶었으나 산타할아버지가 집 앞에 멈추어 서 있을 뿐 선물을 마음대로 가져가라는 말이 없었기 때문에 머뭇거리며 서 있었다고 한다. 얼마 후 아무도 선물을 따지 않자 산타는 "이렇게 선물을 가져와도 안 가져가니 다른 사람들에게 가져다 주어야지, 그만 두렴" 하면서 나무를 들고 어디론가 가버렸다고 했다. 꿈이기는 했으나 산타가 떠날 때 어머니의 서운한 마음은 이루 말할 수 없었다고 했다.

결국 아버지는 머뭇거리다가 유학의 기회를 놓치셨고 다시는 그런 기회가 오지 않았다. 아버지 대신에 미국에 유학 간 친구 분은 금의환향한 반면에, 유학의 기회를 놓치신 아버지는 불운의 연속이었다. 세브란스의 외과의로 계셨던 아버지는 비번인 어느 날 동료 의사의 부탁을 거절 못 하고 간암 말기 환자를 대신 받게 되었다. 그 환자는 누가 보아도 소생 불능이었으나 미국인 교수인 러들로(Alfred Irving Ludlow, 1875~1961) 과장의 지시를 받아서 '바이옵시'(간 생체검사)를 한국 최초로 실시하게 되었다. 간 조직 검사는 과다출혈로 환자가 죽는 경우도 있는 위험한 검사이며, 십여 년 전 형부가 미국에서 바이옵시를 받다가 사망한 일이 기억난다. 하물며 60여 년도 더 전에 한국 최초로 바이옵시를 실시하였다는 것은 놀랍고 또한 거기에 따른 위험부담도 더 컸을 것이다. 아버지는 러들로(Ludlow) 교수에게 배운 대로 환자에게 바이옵시를 실시하였는데 불행하게도 그 환자는 죽고 말았다. 설상가상으로 그 환자가 나는 새도 떨어뜨린다는 당시 일본 고위간부의 친척이었다는 점이다.

당시 일본은 미국인이 설립한 세브란스를 눈엣 가시처럼 여겨서 빼앗을 기회를 엿보던 때였다고 한다. 바로 이런 때에 당직 의사도 아닌 아버지가 남의 대신으로 검사를 하다가 막강한 일본인 친척이 사망하게 되었으니 아무리 의학적으로는 하자가 없어도 일본인들에게는 좋은 구실이 되었다. 아버지는 의료사고로 재판을 받게 되었는데 변호사가 '당신은 아무 잘못이 없고 미국 교수의 지시대로 하였다'라고만 말하라고 아무리 설득하여도 스승을 배반할 수가 없다고 완강히 버티었다고 한다. 결국 이것이 계기가 되어서 세브란스는 일본인의 손에 넘어가게 되었고 미국인 의사들은 떠나게 되었다. 또한 아버지도 우리나라에서 '바이옵시'를 최초로 시행하였다는 기록을 남긴 채 세브란스에서 옷을 벗고 개업의가 되었다.

이때가 1938년 전후로 짐작된다. 이 재판은 후에 동경 삼심에까지 올라가서 아버지가 무죄라고 판결이 났으나 이미 아버지는 개업의로 전업하신 후였다. 지금도 생각나는데 내가 대학교 시절 아버지 책상 서랍 속에서 소중하게 간직되고 있었던 '의사 강영길, 동경 삼심에서 무죄'라고 써진 신문기사 조각을 발견한 일이 있다. 빛나는 장래의 꿈을 저버린 아버지에게는 누렇게 변한 이 신문지 한 조각만이 마지막 자존심의 징표였는지도 모른다.

개업을 하고도 아버지의 일은 잘 풀리지 않았다. 쉽게 말해서 돈을 잘 벌지 못하는 의사였다. 크고 작은 수술로 죽어가는 환자를 소생시켜 명의라는 칭송을 들었건만 거의가 외상 환자였다. 밤에는 급한 환자가 있다고 병원 문을 두드리는 통에 잠을 잘 수 없는 밤이 많았다. 언젠가는 그냥 모르는 체하였다가 다급한 환자 가족들이 문을 두드리다 못해서 유리창을 깬 적이 있었다. 새벽 한두 시에 왕진 가방을 챙겨들고 급한 환자가 있다는 곳으로 심하면 몇십 리를 걸어서 치료해 주고 오실 때에는 아버지는 으레 빈손이었다. 대개가 위급한 환자들이란 가난하기 때문이었다. 웬만한 감기 환자들에게는 약도 주사도 주지 않고 집에서 쉬면 낫는다고 돌려보내기 일쑤였다. 옆에서 지켜보는 어머니는 기가 차 하셨다. 아버지는 천국에 덕을 많이 쌓으셨을지는 몰라도 지상의 우리에게는 필요한 경제적 도움을 주지는 못하였다.

같은 의사의 길을 걷게 된 장남인 오빠는 결코 아버지와 같은 의사가 되지 않는 것이 목표였다. 나 역시 세상에서 제일 싫어하게 된 직업이 의사였고 장래 배우자의 직업은 의사만 아니면 된다고 못을 박게 되었다. 과연 오빠는 원하던 대로 성공한 의사가 되어 부 역시 많이 축적하게 되었다. 그래도 내게 훌륭한 의사가 누구냐고 묻는다면 '아버지'라고 대답하게 된다.

날개를 가진 언니

내가 여섯 살이 되던 어느 여름날 아침이라고 생각된다. 나는 이상한 울음소리에 놀라서 잠이 깨었다. 여름의 따가운 햇살이 건넌방 방바닥에 이미 비치고 있는 것을 보아서는 늦은 아침인 것 같았다. 집안이 이외로 조용한데 또 한번 울음소리가 안방 쪽에서 크게 들리다가 다시 잠잠해졌다. 그러자 쿵쿵하는 발소리와 함께 오빠가 내가 있는 방으로 뛰어 들어 왔는데 얼굴에는 온통 눈물 투성이였다. 형제 앞에서 항상 폭군처럼 군림하던 오빠가 그렇게 우는 것은 어린 나에게는 의아할 정도로 처음이었다.

"순님이가 죽었어." 오빠는 흐느끼며 내게 간신히 말했다. 나보다 3년 위의 언니인 순님이 언니가 죽었다는 것이다. 지난 며칠 간 언니는 심하게 아파서 온 식구가 걱정하였고 교회의 분들이 오셔서

기도해 주시느라 노상 집안은 교인들로 웅성웅성하였다.

"응, 순님이 언니가 천당에 갔구나. 그렇지? 오빠" 나는 너무나 당연하다는 듯이 그렇게 대꾸하였다. 오빠는 상대도 해 주지 않고 방을 나가 언니가 누워 있었던 안방으로 건너가는 듯했다. 일요일 눈만 뜨면 언니들과 함께 가서 온 종일을 보냈던 주일 학교 선생님들은 우리가 죽으면 하느님이 계신 살기 좋은 낙원인 천당에 간다고 말씀해 주셨다. 언니가 죽었으니 천당에 간 것은 내게 너무나 당연하였다. 그런데 왜 운단 말인가? 도무지 나는 이해할 수가 없었다.

혼자 방에 남겨진 나는 무료하여 살금살금 방 밖으로 나가 보았다. 언니가 며칠 간 앓아 누웠었던 안방 아랫목 쪽에서 교인들이 부지런히 무엇인가 하고 있었고 어머니는 제일 막내인 나를 본체만체하여 서운하였다. 분위기가 평소와는 너무 달리 무겁고 조용하였으며 나도 그 분위기에 눌려서 가만히 한 구석에서 시성거렸다.

열심히 유년 주일학교에 다니던 언니는 아파서 누워 있으면서도 수시로 찬송가를 부르고 또 빨리 병을 낫게 해 달라고 기도를 하였었다. 그렇게 열심히 기도하고 찬송가를 부르던 언니니까 목사님의 말씀처럼 여기보다 살기 좋고 천사들과 뛰어놀 수 있는 하늘나라에 갔는데 왜 사람들의 표정은 슬픈가, 나는 이해가 안 되었다.

나는 혼자 있기가 심심하여 대문 밖 동네 애들이 놀고 있는 곳으로 갔다. "우리 순님이 언니가 죽었는데 천당에 갔다"라고 나는 큰 자랑거리인 양 말하였다. 이렇게 자랑하였는데도 아이들은 별로 부러워하는 것 같지 않았다.

 집안에 들어오니 교인들 여럿이서 언니가 입을 옷을 만들고 있었다. 점심때가 되어서 여러 사람들이 점심을 같이 들게 되었는데 반찬 중에 쌈이 있었다. 누군가가 무거운 분위기를 돌리려고 그랬었는지 "쌈을 먹으면 쌈을 잘한대"라고 큰 소리로 말했지만 아무도 웃는 사람이 없었다.

 늦은 오후가 되어 교인들이 만들던 언니의 옷은 거의 완성되었다. 교인들은 하얗고 반짝이는 작은 무늬가 있는 인조로 언니가 입을 치마저고리를 만들었다. 그리고 천사처럼 꾸며야 한다며 면사포를 만들고 언니 머리에 씌울 관에 같은 천으로 작은 꽃들을 만들어 붙였다. 내 눈에도 천사의 옷처럼 예뻐 보였다. 성탄절 연극에 나오는 천사처럼 저렇게 예쁜 옷과 면사포를 언니가 쓰다니 참 예쁘겠구나 부럽기도 했다. 그리고 사람들은 언니를 역시 천사처럼 화장을 시키고 흰옷을 입혀서 관속에 뉘였는데 그때까지 완강히 언니 있는 쪽으로 나를 접근 금지시켰던 사람들이 방심한 틈을 타서 나는 재빨리 뛰어가서 자세히 보려 하였다.

 "저 애기 치워, 저 애기 보여주지 마!" 사람들이 이구동성으로 소리쳤고 누군가가 나를 멀리 떼어 보냈지만 그래도 나는 한 순간에 볼 것은 다 보았다. 흰 치마저고리를 입고 천사처럼 예쁘게 화장한 눈감은 언니 얼굴과 머리에 쓴 꽃 면사포를. 언니를 관속에 눕히고 난 후 사람들은 생전에 언니가 아끼고 소중히 가지고 놀던 물건들을 넣어 주어야 한다고 했다. 그 중에는 언니가 국민(초등)학교에 입학하여 학교에서 받은 학용품이 있었는데 책, 종이시계, 필통, 삼각자들을 다 넣어 주었다. 아무리 내가 조르고 떼를 써도 다른 것은 다 양보해도 학용품만은 언니가 만지지도 못하게 소중히 여기던 물건이었다. 내가 변변히 만져 보지도 못하던 것들을 다 넣어주다니 정말 아깝고 아쉬웠다.

다음날 상여차가 와서 언니의 관을 떠나보냈는데 관 위에는 흰 헝겊 꽃으로 만든 흰 천이 덮여 있었는데 온통 꽃 천지였다. 며칠 후 일요일이 되어 주일 학교에 갔다. 선생님은 나를 제일 앞자리에 앉히고 다른 친구들에게 순님이 언니가 병으로 세상을 떠났다고 천당에 갔다고 말씀하셨다. 나는 얼마나 자랑스럽게 가슴을 펴고 앉아 있었던지! 그리고 주일 학교 선생님이 생전에 언니가 병석에서 즐겨 불렀다는 찬송가를 다 같이 부르자고 하였을 때 얼마나 목청껏 불렀던지 모른다!

예수 사랑하심은 거룩하신 말일세
우리들은 약하나 예수 권세 크시네.
날 사랑하심 날 사랑하심
날 사랑하심 성경에 쓰셨네.

순님이 언니가 없어서 심심하기는 했어도 한동안 언니가 천당에 갔다는 이야기를 친구에게 하고 교회에서도 자랑하는 것으로 한동안 언니가 없어도 괜찮았다.

언니가 죽고 얼마 후 아마 팔월 추석이었던 것 같다. 온 가족이 음식을 장만하여 언니 무덤으로 간다고 하였다. 이번만은 나도 같이 데려가 준다고 하였다. 나는 신바람이 나서 작은 언니(순님이 언니보다 세 살 위의 언니를 그렇게 불렀다)에게 "왜 언니 무덤에 가지?"하고 물어도 대답을 안 하기에 궁리 끝에 "응 알았다. 순님이 언니 밥 먹이러 가는 거지?"라고 큰 소리로 말했는데 당장 언니는 어머니가 들으시면 안 된다고 하면서 나를 세게 꿀밤을 먹였다. 그리고 바보 천치라고 나를 야단쳤다. 나는 그 이유를 확실히 알지 못했지만 언니의 험악한 기세로 보아 다시는 그런 소리를 해서는 안 되는 것 같아서 그 후로는 누구에게도 비슷한 말을 묻지도 하지도 않게 되었다.

차는 교외로 한참 달리다가 어느 조그마한 언덕 앞에서 멈췄다. 그 언덕으로 올라가니 둥근 모양의 풀이 듬성듬성 난 작은 봉우리들이 있었는데 그 중의 한 곳이 언니의 무덤이라고 했다. 사람들은 그 주위에서 돌도 주워 버리고 잡초도 뽑았다. 이윽고 교인들은 찬송가를 부르고 전도사님은 기도를 하셨다. 사람들은 자꾸 어머니 쪽에 신경 쓰는 듯 보였으나 끝내 어머니는 눈물만 닦으실 뿐 크게 울지는 않으셨다. 얼마 후 우리는 가져간 도시락을 먹었는데 각자 뿔뿔이 떨어져 앉아 먹는 광경이 꼭 성난 사람들 같았다. 특히 우리 집 사랑채에 사시던 주일학교 선생님이시던 장춘덕 아저씨는 자꾸 가까이 앉아서 먹자는 사람들 말에도 괜찮다고 하면서 혼자 먼 산 쪽을 바라보며 도시락을 들었는데 주일학교 담임 반이던 분이었기에 순님이 언니의 무덤 앞에서 슬픈 마음을 감추려고 그랬을까? 그 모습이 내 어린 기억에도 몹시 쓸쓸해 보였다.

언니가 천당에 갔다고 동무들에게 자랑하는 것도 시들해질 무렵 나는 혼자 노는 시간이 많아졌고 조금씩 심심해졌다. 저물어 가는 오후 가족들이 모두 외출하고 나 혼자 집을 볼 때 그리고 가을빛이 건넌방 쪽 마루에 내리 비칠 때 나는 언니가 있을 법한 저 멀리 하늘을 향해 노래를 목청껏 부르곤 했다. 주일학교에서 언니와 같이 불렀던 찬송가, 그리고 '낮에 나온 반달,' '별이 삼 형제' 같은 동요를 아는 노래가 모두 바닥 날 때까지 불렀다. 노래는 서글픈 메아리가 되어 내게 되돌아 왔다. 주일학교 선생님들은 살아서 좋은 일을 한 사람만이 하느님과 천사들이 있는 살기 좋은 천당에 가는 것이라고 했지만 왠지 언니가 천당에 간 것이 좋은 것 같지가 않았다. 언니가 없는 것이 자꾸 슬프게 생각되었다.

혼자 있는 시간이 늘어 갈수록 나는 언니와 놀던 생각이 나기 시작했다. 어느 날 어머니도 외출하시고 언니와 놀고 있었는데 점심때가 되자 언니는 오후반이라면서 학교에 가야 한다고 했다. 나는 학교에 가지 말고 계속 같이 놀자고 막무가내로 울면서 붙들었다. 항상 나에게 져주기만 했던 언니는 차마 나를 떼놓고 가지 못해 절절매고 있었다. 그 때 언니 친구가 같이 학교에 가자고 왔는데 떼를 쓰는 나를 보고 더는 기다리지 못하고 "빨리 와라. 너 그렇지 않으면 학교 늦는다"고 하면서 혼자 먼저 가버렸다. 나에게 붙들려 오도 가도 못하게 된 언니는 학교에 늦는다고 큰 소리로 울면서도 나를 밀치지 못했다. 이 소리에 할머니가 오셔서 나를 달래시며 귤을 줄 터이니 언니를 놔주라고 했다. 나는 그렇게 하겠다고 해 놓고는 귤을 받자 얼른 먹고 언니를 또 붙들었다.

 내가 귤을 먹는 동안 언니가 왜 도망을 안 갔는지 기억이 잘 나지 않는다. 또 언니가 나중에 학교에 어떻게 나를 떼놓고 가게 되었는지 또 학교에 늦어서 선생님에게 벌을 서지나 않았는지 확실하지 않다. 그 후 간간이 끊어질 듯 말 듯한 실 줄을 잇듯 이 기억이 떠오를 때마다 내가 왜 그렇게 언니를 못살게 굴었는지 하늘에 간 언니에게 미안한 마음이다. 언니, 미안해. 못되게 군 것 다 용서해주어.

 세월이 흘러 조금 철이 든 나는 주위에서 언니가 죽은 이유를 조금씩 이야기를 들어서 조각을 맞추듯 언니의 죽음의 전무를 알게 되었다. 어느날 학교에서 돌아온 언니는 얼마 후 갑자기 배가 아프다고 뒹굴기 시작하였다고 한다. 왜 갑자기 복통이 생겼는지 물어도 대답도 없이 배가 아프다고 뒹굴기 시작하였는데 아버지가 의사였기에 즉시 피마자 기름을 먹이고 관장을 시키고 주사를 놓아주며 백방으로 애를 썼으나 언니는 자꾸만 힘이 없어지고 병세는 심해지기 시작하였다. 그 원인은 아무도 몰랐으나 죽고 훨씬 후에야 언니가 학교에서 돌아와 한참 배고플 시간에 아마도 쥐를 잡으려고 건빵에 쥐약을 발라 다락에 놓은 것을 먹은 것이 아닌가 의심하기 시작하였다. 어머니는 언니를 잃고 거의 실성한 상태였으며 어떤 때는 외출하였다가 전차를 타고 집 근방에서 내려서 여기가 어딘가 낯선 도시에 내린 듯 길을 잃고 헤매기를 여러 번 하였다고 한다.

착하고 또 착한 우리 순님이 언니는 동생인 나를 항상 감싸고 나한테 양보하기만 하였다. 두 언니가 골탕을 먹이면 혼자 울었다. (바늘로 언니 손을 찔렀다.) 병석에 누워서도 야단 맞을까봐 절대 건빵을 주워 먹었다고 말을 하지 못했을 것이라고 하였다. 교회에서 신자들이 찾아와 언니의 병이 나으라고 기도를 해 줄 때도 의연히 누워서 "예수사랑 하심을"의 찬송가를 부르곤 하여 주위 사람들의 마음을 더욱 안타깝게 하였다.

어느 날 언니는 자기를 주일학교에 가고 싶다면서 교회에 데려다 달라고 해서 이모가 언니를 업고 종교교회에 가서 마당을 한 바퀴 돌고 오기도 하였다. 죽기 몇 시간 전 언니는 마치 눈앞에 누군가와 이야기를 하는 듯했다고 하였다. 천국에서 천사가 자기를 데리러 왔다고 하면서 이미 천당에 하느님께서 언니의 책상도 다 마련하였다고 하면서 옆에서 울고 계시는 어머니를 보면서 "어머니가 우셔서 오늘은 못 가고 내일 가겠어요" 하더란다. 그 시간이 자정 가까이였는데 과연 언니는 그날 자정을 지난 이튿날 이른 새벽에 숨을 거두었다. 아마도 옆에서 울고 있는 어머니와 식구들을 뒤로 하고 천사의 날개에 안겨서 멀리 멀리 천상을 향하여 고통 없는 천국으로 날

아갔을 것이다.

언니가 복통으로 누워 있었던 일주일 동안 언니의 죽음을 지켜본 교인들에게는 감명의 충격을 주었을 것이다. 마침 대동아 전쟁과 일제의 압제 속에서 신앙으로 뭉쳤던 종교 교인들에게 언니의 죽음은 하나의 산 증거가 되었다고 한다. 거짓말 할 줄 모르는 아홉 살의 어린 소녀가 병석에서도 찬송가를 부르고 마지막 순간에 천사가 데리러 왔다고 하며, 죽음의 시간도 약속대로 자정 후에 떠나 버린 이 사건은 신앙의 산 증거가 되어서 교회 신자들은 더욱 뭉치어 신앙심이 고조되었던 것은 말할 것도 없었으리라.

2장

잠 안 오는 밤의 선물

예쁜 손자 손녀 외손자들과 가족 어느날

혼자가 아름답다

내가 초등학교 2, 3학년 때일 것으로 기억된다. 학교에서 소풍을 간다는 발표가 있었다. 학교에서 가장 즐거운 일이란 봄가을의 소풍과 운동회였다. 당시 소풍이래야 어머니가 도시락과 함께 한두 개의 과일이나 삶은 달걀을 보자기에 싸주시는 것이 고작이었으나 그래도 소풍 전날은 비가 올까봐 자다가도 빗소리가 나지 않나 귀를 기울이곤 하던 기억이 난다.

이번 소풍은 세검정으로 가기로 되었는데 나는 마음속으로 걱정되는 것이 하나 있었다. 소풍가서 도시락을 같이 먹을 친구를 정하지 못한 것이다. 당시 유행으로는 소풍가기 전에 친한 친구와 같이 도시락을 먹자고 미리 약속을 하는 것이었는데, 이런 신청을 많이 받은 아이일수록 그 학급에서 인기가 많은 사람이 되므로 소풍은 더 없이 즐거운 일이 된다. 그러나 신청을 받지 못하거나 또 자신이 누구에게 같이 먹자고 신청할 용기가 없는 아이들은 혼자 먹게 되는데 정말 곤혹스러운 일이었다. 친구도 없이 혼자 점심을 먹는 광경을 누구에게 들키면 어쩌나 마음속으로 걱정이 되었다.

이번 소풍에도 나는 어느 누구로부터 함께 먹자는 제의도 받지도 못했으며 그렇다고 내 스스로가 마음에 드는 친구에게 같이 먹자고 선수를 칠 만큼 배짱이나 숫기도 없었다. 소풍가는 날짜가 가까워 올수록 즐거운 소풍에서 혼자 점심을 먹을 일이 부끄럽기도 하고 걱정이 되었다. 마침내 소풍날이 와서 목적지에 도착한 후 선생님의 몇 가지 주의 사항을 들은 후 해산하여 각자 자유시간을 갖게 되었다. 당시는 소풍에 가서 단체로 게임을 한다거나 노래자랑을 하는 일이 없었고 소풍의 목적지에 도착한 후 간단한 주의와 함께 해산 선언을 하면 그때부터 각자가 알아서 준비해간 점심과 간식을 먹으며 친구들과 놀면 되었다. 오후가 되어 돌아갈 시간이 되어 선생님이 집합하라는 호루라기 신호를 하면 모여서 인원 점검 후 줄을 서서 학교로 돌아오면 되는 것이었다.

소풍에서 선생님의 주의 사항 후 해산하였을 때 나는 친구들이 짝을 지어 즐겁게 떠들며 점심을 먹는 사이를 지나서 천천히 언덕으로 올라갔다. 사람의 눈에 띠지 않고 호젓하게 앉아 점심을 먹을 수 있는 한적한 곳을 찾기 위해서였다. 언덕으로 올라갈수록 사람들이 적었으나 봄이라서 진달래는 처연하도록 곱게 피어 있었다. 한적한 곳을 찾아 올라가면서 나는 의외의 사실에 놀랐는데 진달래 꽃나무 사이사이로 혼자 앉아서 점심을 먹는 아이들이 꽤나 있다는 것을 발견한 것이다. 혼자 먹는 것이 부끄럽고 걱정이 되었는데 세상에는 나와 같이 수단이 없고 숫기도 없는 아이들이 있다는 것이 그렇게 위안이 될 수가 없었다. 나도 혼자 먹는 아이들 근처 진달래 꽃나무 그늘에 자리 잡고 앉아서 어머니가 싸주신 점심을 펴고 맛있게 먹기 시작했다. 그리고 약간의 간식도 먹었다.

그러는 사이 여지껏 조였던 마음이 이상하게 느긋하게 안정되어 오는 것을 느꼈다. 그리고 소풍 와서 혼자 밥을 먹는다는 것이 생각한 것보다는 그리 나쁘지도 않으며 분홍빛 진달래꽃 아래서 숲의 향기를 맡으며 도시락을 비우는 것이 맛이 있고 운치 있다는 생각이 들기 시작했다. 조용히 음미하듯 밥을 먹으면서 언덕 밑에서 뛰어 놀고 있는 아이들을 바라보며 또 떠드는 소리를 들으며 그들과 거리를 두고 있는 것이 마치 세상일에 초연하여 관조자의 입장이 되는 것 같았다. 친구들을 사귀기 위하여 신경을 쓰고 철없이 뛰어 놀기보다는 조용히 혼자 앉아 그들을 바라보는 것에는 나름대로 값진 무엇이 있는 것이 아닌가 나는 막연히 생각하게 되었다.

그날의 경험은 이후 나의 생활에 영향을 주게 되었다. 나는 친구들과 어울리기보다는 혼자 지내는 생활을 즐기게 되었으며 어른들로부터 아이답지 않다는 말을 듣게 되었다. 성인이 되면서 나는 노력하여 사람들과 어울리게 되었으나 혼자 다니고 혼자 생각하는 버릇은 내 생활의 기본임에는 변함이 없었다.

> 고독, 그대는 얼마나 쉽게 수천의 모습으로 바뀌는가,
> 바뀌는 모습마다 그대는 즐기는가,
> 이제는 신비로운 꿈속에 싸여서
> 고독한 철학자로 보이네.
> 그대, 얼마나 잽싸게 언덕에서 계곡으로 나르며,
> 또 천공을 휩쓰는가,
> 이제는 양치기가 되어 들판을 가로지르며
> 보리 이삭의 바람 소리를 내는구나.

영국의 시인 제임스 텀슨(James Thomson, 1700~1748)이 〈고독을 위한 찬미(Hymn on Solitude)〉에서 노래한 대로 고독은 자유로움과 신속함을 주기 때문에 나는 '혼자 있음'을 사랑하는지도 모른다. 혼자가 아니고 여럿이 있으면 상대방에게 신경을 써야 하기 때문에 정작 보아야 할 내적인 것을 자칫 보지 못할 뿐 아니라 깊이 사고할 기회도 얻기 어렵다. 물론 혼자라는 것이 사람이 전혀 없는 무인도를 뜻하는 것이 아니라 사람과 사람이 부대껴 사는 복잡하고 바쁜 현대 생활에서 잠시 군중과 떨어져 '혼자 있음'의 여유를 즐기는 것을 말함이다. 어느 수필의 제목대로 '함께, 그러나 따로'가 가장 이상적인 현대인의 상황을 의미하는지도 모른다.

나는 최근에 한국인은 철두철미 '뭉치면 살고 흩어지면 죽는다'의 정신으로 여행지에서 혼자 다니기를 두려워하고 떼지어 돌아다니기를 좋아한다고 지적한 어느 수필가의 말이 기억난다. 혼자 있을 때는 조용하던 사람이 일단 무리를 짓게 되면 없던 용기도 생겨서 시끄러워지고 만용을 부려서 주위 사람들에게 '어글리 코리언'이 되는 경우를 많이 보아왔다. 외국 관광의 경우 가이드의 깃발에 뭉쳐서 따라다니는 민족들은 유독 일본인과 한국 사람뿐인데, 문제는 일본 사람들은 규칙을 준수하는데 반해서 한국 사람들은 예사로 규칙을 위반하여 주위 사람들의 눈살을 찌푸리게 한다고 지적한 글을 읽은 적이 있다.

인간은 사회적 동물이다. 여럿이 모여서 협동하여 혼자서는 불가능한 어려운 일을 이루어 내며 현대 문명은 바로 이 협동 위에서 이루어진 것임을 부정하려는 것은 아니다. 모이는 것을 좋아한 나머지 혼자 있는 것을 두려워하게 되는 것에 문제가 있다. 뿐만 아니라 혼자 다니는 사람을 가정생활이나 직장 생활에 문제가 있는 사람으로 간주하는 경향이 생겨서 식당에 혼자 가도 대접을 못 받고 아예 구석자리를 주거나 붐비는 시간에는 기다리라고 한다. 혼자 식당에서 밥을 먹거나 혼자 여행을 가면 '어쩌다가 혼자 왔느냐?' 혹은 '용기가 가상하다'고 호들갑을 떠는데 다소 정상이 아닌 사람으로 취급하고 있음에 틀림없다. 외국 사람들이 식당이나 호텔에서 혼자 책을 읽으며 식사하는 모습을 우리는 드물지 않게 주위에서 보게 되는데 매우 자신감이 있어 보이고 자기만의 세계가 있어 보여 아름답기까지 하다.

자신이 없는 사람일수록 주변 사람에게 의존하는 것이나 아닌지? 혼자는 무엇이든지 자신이 없어서 못 하고 친구가 가면 같이 가고 안 가면 꼭 가야 할 곳도 가지 못한다. 그런 사람은 친구가 죽으면 같이 죽을까? 한반도는 오래 전부터 외세에 침입을 많이 받아 왔고 과거 36년간 일제의 통치를 받는 동안 나라의 독립을 잃은 것뿐만 아니라 자신의 자립심마저 잃어버려서 특히 한국인들이 떼 지어 돌아다니는 것을 좋아하는 것이나 아닌지?

독일 태생의 슈마허(E. F. Schumacher)는 《작은 것이 아름답다》라는 저서를 펴내어 현대의 대량생산을 비판하고 소규모화를 주장하여 작은 것의 아름다움을 세상 사람들에게 부각시켰다. 또한 프랑스의 피에르 상소(Pierre Sansot)는 《느리게 산다는 것의 의미》라는 책을 내어 현대의 속도 문화를 비판하고 느림의 미덕을 찬양하였다. 이들의 주장에 덧붙여서 '혼자가 아름답다'라는 말을 나는 하고 싶다.

여럿이 있음은 따뜻해 보인다. 그러나 둘이 있는 것이 더 다정해 보인다. 그러나 이들보다 더 아름다워 보이는 것은 혼자 있는 사람이다. 인생은 혼자 왔다가 혼자 가는 것이 아닌가! 혼자야말로 자유로움을 누릴 수 있으며 창조적인 기회를 가질 수 있고 효율적일 뿐만 아니라 편안함의 즐거움을 주며 영속성을 가져다주기 때문이다.

버스의 낭만

"부모님은 자식들의 차보다 버스가 더 편하다고 하신다"라는 제법 찡해오는 TV 광고가 있었다. 과연 부모들은 자녀들에게 단지 폐를 끼치고 싶지 않아서 버스를 타는 것일까? 은퇴를 하고 시간이 많아진 나는 교통수단으로 자연스럽게 버스를 가장 많이 이용하고 있다. 버스에는 좋은 점이 있는데 많이 이용하는 사람만이 안다. 학생시절 악착같은 버스 여차장이 버스 옆을 두드리며 '오라이!'하면서 사람을 구겨 박아 넣던 시절의 버스가 아니다. 러시아워에 붐비는 시간만을 피하면 요즘 시내버스는 제법 탈만하다.

지하철은 층계가 많아 노인이 오르내리기가 힘들고 지하이기 때문에 공기가 좋지 않아 지하철 속에서는 조는 사람들이 많다. 여기에 비해서 버스는 지상 공간을 달리므로 공기를 염려하지 않아도 좋고 요즘은 오래 정차하지도 않고 넓은 차창을 통해 지나가는 거리의 풍경을 구경할 수 있어서 제법 목가적이다.

　한가한 낮에는 옆에 앉은 승객과 이야기도 할 수 있다. 한낮의 버스가 한가롭기는 미국의 경우도 비슷한데 자가용을 몰고 출퇴근하는 직장인에 비해서 낮에 버스를 이용하는 승객들이라 은퇴한 노인들이 많다. 시간이 많은 노인들이나 여행객들이 이용하기 때문에 분위기는 한가로워서 때로는 옆의 승객과 이야기를 즐길 수도 있다. 어느 해인가 LA 시내버스 속에서 옆에 앉은 여자 노인과 이야기를 나누다가 내리려던 정류장을 지나친 적이 있었다. 버스를 타는 노인들이란 대개는 외로운 사람들이기 때문에 한번 이야기를 걸면 놓아주질 않아서 낭패 보는 일이 있다는 이야기를 후에 들어서 알게 되었다. 외롭고 시간이 많기는 나도 마찬가지다.

　며칠 전 버스에 노모를 모시고 동승한 50대의 여성을 본 적이 있다. 이럭저럭 그녀와 이야기를 트게 되었는데 같이 모시고 탄 어머님이 90세라고 하였다. 걸음걸이 등이 90세라고 믿기지 않는 분이셨다. 자신은 지방에 사는데 세브란스 병원에 검사받을 일이 있어서 하루 입원해야 했는데 부득이 친정어머님이 보살피시겠다고 따라 나섰다고 했다. 지금은 퇴원하여 다시 지방으로 내려가는 길이라고 하였는데 딸은 팔이 부자유스럽다고 하여 큼지막한 가방을 90세 어머니가 들고 있었다. 우리의 대화는 버스의 칭송으로 모으게 되었다.

　"버스의 일등석(좋은 자리)이 어딘 줄 아세요?"

"바로 우리가 앉은 자리거든요."

비행기 이코노미 좌석에 비상구 옆 자리가 애호되는 일등석이듯이 버스에도 일등석이 있다. 바로 그날 우리가 앉은 뒷문 바로 뒷자리이다. 흔들리는 버스에서 하차 부저를 쉽게 누를 수 있고 신속하게 버스표를 기계에 대며 우물쭈물 하지 않고 내릴 수 있다. 조금만 지체하면 뒷사람에게 지장을 주고 짜증 섞인 반응을 받기 쉽기 때문에 버스를 타기 위해서는 신속함이 요구된다. 한때 시내버스가 정류장마다 승객을 호객하며 오래 서 있던 시절이 있었다. 요즘은 버스가 어찌나 빨리 달리는지 승객을 내려놓자마자 저만치서 뛰어오는 승객은 본체만체 떠나고 만다. 승객을 태우기 위한 버스인지 아니면 배차시간에 늦지 않게 질주하는 것이 목적인지 의문을 일게 한다.

그럼에도 불구하고 버스를 타는 것에는 남모르는 낭만이 있다. 어렵사리 뒤뚱거리며 일단 버스를 타기만 하면 후유! 이제 안심이다. 버스는 목적지까지 데려다줄 것이고 목적지를 가는 동안 나만이 아는 몇 가지 낭만을 즐길 수 있다. 버스의 넓은 유리창 밖으로 뒷걸음질해 지나가는 도시풍경을 보면 곤두박질하듯 달음질치는 현실을 잠시 잊을 수 있고 어릴 적 버스를 타고 소풍을 가는 기분이 든다. 따스한 햇볕을 받으며 오후의 느슨한 상념에 빠질 수 있어서 좋다.

만약 택시를 탔다면 목적지에 도착할 때까지 안심할 수 없다. 방심하는 순간에 기사는 엉뚱하게 먼 거리로 돌아가는 수가 있어서 항상 긴장해 있어야 한다. 좁은 공간 속에서 기사의 뒤통수를 노려보며 차 속에 밴 담배 냄새를 맡으며 가야 하는 시간은 혐오스럽다.

배차 시간을 맞추어서 달려야 하는 버스기사는 항상 바쁠까? 내가 매일 오후 헬스클럽을 가기 위해 타는 버스는 두 곳에 오래 정차할 수가 있다. 신호를 기다려야 하는 네 거리에서인데 잘 하면 1,2분의 여유가 있다. 빨간불의 신호가 들어오면 기사는 아예 문을 열고 하차하여 빨리 인근 상가의 화장실을 다녀오거나 담배나 식수를 사오기도 한다. 다른 한 군데서 정차하는 동안엔 하차하여 담배 두어 모금을 빨거나 팔다리 운동을 한다. 담배를 피우고 다시 버스를 타면 담배연기도 함께 올라온다. "담배 냄새나요"라고 항의하고 싶어도 그만 참는다. 마치 60년대의 시골 버스처럼 무법의 버스에서 무슨 봉변을 당할지도 모르니까. 시간은 넉넉하여 담배피우기, 팔다리 운동을 하고도 기사는 신호가 바뀌기 직전 버스에 올라탄다.

신호에 걸리지 않게 버스는 갑자기 질주하여 커브를 돌기 시작하는데 나는 속으로 "오라이, 오라이," 여차장이 외치듯 입속으로 소리친다. 아, 내 정거장이구나. 나는 일등좌석에서 일어나지 않고 하차부저를 누르고 미리 카드를 찍고 정차하는 순간 잽싸게 내린다. 오, 오늘도 무사히 도착하였구나!

어느 풍경

풍경 (I)

어버이날이라고 아들 딸, 손자 손녀들과 식사하였다. 식사 후 아들이 내민 선물은 유명백화점의 상품권이었다. 밥값을 내고 또 아들이 상품권을 주니 아들의 5월 달 가계부는 엉망일 것이 뻔했다. 나는 아들에게 "식사를 샀으면 됐지 선물은 무슨 선물" 하면서 상품권을 억지로 돌려주었다. 그렇지 않아도 아들이 가끔 농담 삼아 '5월은 잔인한 달'이라고 하였다. 어린이날, 어버이날, 스승의 날, 또 첫 딸의 생일까지 겹치니 허리도 휘일만 하다. 다음에 시집 간 딸아이가 봉투를 내민다. 나는 수령하기 전에 냉큼 봉투 속을 열어 액수를 확인한다. 20만원이다. 나는 십만 원은 받고 십만 원은 돌려준다. 딸아이의 긴축 경제 살림으로는 20만원은 무리다.

다음으로는 손자손녀의 시상식이다. 모두 손자손녀들이 지난 몇 주일 동안 잘한 일을 보고하고 상을 받는데, 주로 학교에서 시험 점수 잘 받은 것이 대상이 된다. 물론 상을 주는 일이 시험점수에 우선을 두는 것에는 교육적으로 논란의 여지가 있기는 하다. 또 착한 일 한 것에 대해서도 상을 준다. 상은 건당 5,000원인데 좀 많은 액수이기는 해도 모두 저금을 하기 때문에 저축 정신을 길러주는 일도 겸하게 된다.

두 손녀는 모두 시험 점수를 잘 받아서 상을 받았다. 이번에는 외손자 차례. 그런데 손자는 기억이 잘 안 난다고 한다. "그럼 무슨 착한 일을 하지 않았니? 잘 기억해 봐."라고 격려한다. 이리저리 머리를 기우뚱거리던 외손자는 마침내 제 엄마의 도움을 받아서 말한다. "친구 동생이 다쳤는데요, 오빠는 동생을 부축하지 않았는데요, 제가 부축하여 집에 데려다 주었어요." "잘했다" 하고 상을 준다.

이번에는 제일 어린 손자 차례인데 곤혹스러운 표정으로 아무 말도 없다. 초등학교 일학년생인 손자는 아마 살한 일이 없는 모양이다. "옛다, 상이다, 받아라" 하고 나는 5,000원을 준다. "걔는 무엇 때문에 주세요?" 아들 부부가 의아하여 묻는다. "응, 누나와 형들 덕에 함께 상승하여 상을 타는 거지"라는 대답에 온 식구가 깔깔거리고 웃는다. 그렇다, 세상은 더불어 사는 세상이니까 똑똑한 형제나 친구를 두면 덕을 보는 것이지. 이 단순한 진리 덕에 우리 식구는 한참 동안 즐겁게 웃을 소재 거리를 발견한 셈이다.

그런데 이 막내 손자아이가 엉뚱한 데가 있다. 어느 날 전화로 '자기 반에서 연극을 하는데 배역을 받았다고' 자랑한다. 참 다행이다. 항상 자기 나이보다 일찍 들어가고 또 키도 작고 몸도 약해 친구들에게 따돌림 일 당하지 않을까 걱정하였는데 당당히 연극에 뽑혔다니.

"몇 명이 연극을 하니?" 물음에

"6명이요"라고 대답한다. 6명이 하는데 뽑히다니 참 다행이구나.

"무슨 역을 하는데?"라는 물음에 '개미 역할'이라고 한다. 어째 개미 역할은 별 중요한 것 같지가 않고 대사도 적을 것 같은 생각이 들지만 아이가 어리기 때문에 쉬운 역할을 주었겠지 생각했다. 그래도 한 반에서 6명을 뽑는데 선택된 것만 해도 얼마나 다행인가, 아마 제 엄마가 학교에 자주 드나들며 힘 좀 쓴 것이 아닐까 우리 부부는 생각했다.

다음날 제 엄마에게 "네가 애 좀 썼나 보다. 아이가 연극에 뽑힌 걸 보면……"라고 하자 "모든 반 아이들이 다 연극에 참가하는 것이라"고 말한다. 손자는 "여섯 명이 뽑혔다고 하던데?" 하니까

"같이 연극하는 멤버의 수가 여섯이에요. 반 아이 모두가 여섯 명씩 연극하는 거예요." 그 말에 나와 며느리는 한바탕 웃었다. 그래도 다 같이 연극에 참여하는 것을 대단한 것으로 아는 어린 손자의 순진성과 순수성이 기특하여 웃은 것이다. 손자의 순수성에 비하면 우리의 기대는 얼마나 세속적인 것인가, 꼭 남을 이겨서 자기만이 뽑

혀야 한다고 생각하는 우리의 생각이 잘못된 것이다.

어느 날 손자는 자기가 반에서 회장이 되었다고 전화를 했다.

"뭐 회장이 되었어? 축하한다, 할머니가 상금 줄게"

정말 어떻게 그 어려운 회장 선거에서 당선되었을까 갸우뚱할 때 며느리가 대답했다. "아니에요. 반에서 한 명씩 돌아가면서 차례로 하는 거래요"

아, 요새 교육은 참 좋구나. 서로 돌아가면서 지도력을 키울 기회를 골고루 주다니. 그러는 생각과 더불어 내 입에서는 이런 말이 저절로 나왔다. "아이 잘했다. 회장이 되다니 가문의 영광이구나."

풍경 (II)

둘째 번 손녀가 유치원 다닐 때 일이다. 어느 날 초인종이 울려서 대문을 여니 유치원 다니는 손녀가 자기보다 훨씬 더 작은 세 살짜리 남동생을 데리고 엄마 심부름을 왔단다. 손에 무엇을 들고 있는데 카레라이스라고 했다. '고맙다' 하며 받아서 놓고 그래도 심부름하는 즐거움을 주기 위해서 손녀는 500원을, 손자는 300원을 주면서 주머니에 넣고 잃어버리지 말라고 신신당부하였다. 가는 길은 자동차도 있고 하여 거의 집 앞까지 내가 바래다주었다. 고맙기는 하지만 앞으로 아무리 같은 아파트 단지라도 어린 아이는 심부름 시키지 말라고 당부하였다.

이 애기 손녀는 언젠가는 고구마 찐 것을 가져온 적이 있었다. 제 또래 아이보다 유난히 가늘고 어려 보여서 주위 사람들의 시선을 끌기 십상이었다. 무서움도 많이 타고 그래도 할머니의 도깨비감투 이야기는 무척 즐기는 아이였다. 승강기에서 만난 같은 동 아줌마들이 물었다. "오늘은 무엇을 가져가니?"

"할머니 집에 고구마 찐 거에요."

후에 만난 같은 동 사람들이 내게 말했다. "우리도 저런 며느리 얻었으면 좋겠어요"

어느 날 며느리가 전화를 걸었기에 "우리 동에서는 네가 효부라고 소문났더라, 너는 좋겠다"라고 하였다. 듣는 쪽도 말하는 쪽도 모두가 흡족한 기분이었다.

100점이 95점으로

아들아이가 아마도 중학교 1, 2학년이 때였을 것으로 기억한다. 담임선생님이 학생들에게 채점한 시험지를 나누어 주고 무엇이 어떻게 틀렸나 한 번 보라고 한 적이 있었다고 한다. 채점된 시험지를 직접 본다면 자신이 어떻게 틀리게 썼나를 확실하게 알게 될 뿐 아니라 그 문제만큼은 정답을 확실하게 머릿속에 각인시키게 되니 교육상 매우 중요한 일이기도 할 것이다.

아들아이가 자기 시험지를 받아보니 점수는 100점이라고 되어 있었으나 한 문제에 답을 틀리게 쓴 것을 선생님이 실수로 맞는 것으로 채점을 해서 100점이 된 것이라는 것이 발견되었다. 모범생인 아들아이는 곧바로 선생님 교탁으로 나가서 '선생님 이 문제가 틀렸는데 100점이 되었어요'라고 말했다. '어, 이거 정말 그렇구나. 어쩌다 실수를 했지?' 하면서 선생님은 채점한 것을 고치려고 하면서 반 아이들에게 '애들아, 이것을 그냥 둘까? 깎을까?'라고 물었다.

'깎지 마세요! 그냥 주세요!' 어쩌자고 반 아이들 모두가 한결같이 소리를 치면서 반대를 하였다고 한다. "그래도 발견된 이상 고쳐야지" 하면서 선생님은 5점을 깎아서 95점으로 만들었다. 그리고 곧 시험지는 걷혀지고 선생님은 교무실로 가져갔다.

이 일이 있고 얼마 후 우연히 아들아이는 교무실 근처에서 담임선생님을 만났다. 선생님은 생각이 났다는 듯이 아들아이에게 "요전의 그 시험지는 95점으로 고쳤지만 이미 반의 합산과 평균을 내 버린 상태이기 때문에 너무 늦어서 그냥 두기로 하였다"고 말씀하셨다.

정말 다시 합산을 하려면 귀찮고 너무 시기적으로 늦어서 그대로 두었을까? 선생님의 채점의 실수를 가만히 있었으면 발견되지 않았을 것을 점수가 깎이는 것을 뻔히 알면서도 선생님에게 이실직고한 학생의 정직성을 상주고 싶은 것은 아니었는지? 항상 수석이어서 동급생들의 미움과 질투를 받을 만한데도 아이들이 한결같이 '점수를 그대로 주라'고 한 것은 그들도 이 아이의 고지식함에 감동을 받아서인지? 아마도 선생님은 구구하게 학생에게 설명하기가 싫었나 보다. 그저 이미 반 평균이 나 있어서 못 고쳤노라고 두리뭉술하게 말해버린 것이다. 그러나 알아들을 수 있는 사람은 다 알아 들었을 것이다. 지금부터 40여 년 전의 일이다. 아들은 훌륭한 선생님들의 지도로 잘자라 지금은 대학교수가 되어 학생들을 가르치고 있다.

나는 왜 중요한 일에 실수하는가?

오래 전 나는 전문직 여성들로 구성된 단체의 대표직을 맡은 적이 있었다. 연말 크리스마스 자선 파티를 준비하는 과정에서 당시 모교인 이화대학 총장이신 김옥길 선생님을 파티의 초청 연사로 섭외하기 위하여 면담을 요청하였다. 정말 시간에 늦어서는 안 되는 중요한 약속이었으므로 몇 번이고 시간을 미리 재어서 당시 근무처였던 서대문 K대학에서 택시를 타고 가는 길의 시간을 재고 또 재었다. 너무 일찍 가서도 아니 되고 더더구나 늦어서는 안 되는 약속이었다.

드디어 약속 당일이 되어서 나는 미리 계산된 시간에 서대문 학교에서 택시를 타고 출발하였는데 어찌되었는지 약속 시간에 20분이나 늦어버렸다. 총장 부속실에 도착해 보니 비서들이 안절부절 못하고 나를 기다리고 있었고 나는 마치 죽고 싶은 심정으로 총장님께 택시를 제때 못 잡아서 늦었노라고 변명의 말씀을 올렸다. 항상 소탈하셨던 김옥길 총장님은 예의 그 너털웃음을 웃으시면서 '요새 교통이 엉망이거든' 너무 부끄러워 쩔쩔매는 나를 위로하듯이 말씀하셨다.

그날 당혹스러웠던 기억은 오랫동안 내게 의문으로 남아 있었는데 왜 그렇게도 면밀하게 신경을 쓰면서 특히 늦지 않으려고 했는데도 늘어버리는 실수를 하였는지 알 수가 없었다. 이런 비슷한 경험은 그 이후에도 여러 번 하게 되었다. 공적인 일이거나 혹은 사적인 일에서 실수를 해서는 안 된다고 생각하거나 잘하려고 마음을 먹으면 먹을수록 실수를 더 하게 된다. 오히려 예사로운 생각으로 착수한 일들은 기대한 것보다 더 잘 해결되는 경우를 본다. 그런데 중요한 일이니까 잘하려고 할 때에는 왜 실수를 하는 것일까? 평소에 잊어버려서는 안 된다고 잘 챙겨 놓은 메모쪽지나 중요한 상대방의 주소나 전화번호는 이상하게도 번번이 어느 쪽지에 적었는지 혹은 어디에 보관하였는지 찾지 못하여 낭패하는 일이 많다. 몇 시간이고 온 집안을 뒤집어 놓을 듯이 찾아대면 서랍 구석에서 건져 올려지는 것은 버려도 좋은 시시한 메모쪽지나 전화번호다. 차라리 찾기 쉬운 곳에 두었던들 쉽게 찾을 수 있었을 터인데 안타까운 일이 많았다.

왜 잘하려고 하는 의욕과 실수는 종종 비례하는 것일까? 여기에는 반드시 무의식 속에 감춰진 심리적인 문제가 있는 것이 아닐까 골똘히 생각하게 되었고, 마침내 이 문제를 심리학자에게 문의하기로 하였다. 여러 사람을 거친 후 마침내 소개받은 분이 '실수 문제'를 연구하시는 S대학의 T교수였다.

그분의 대답은 너무 간단하고 일반적인 것이었다. 인간 두뇌의 피질은 너무 자극을 주거나 흥분한 상태에서 수행한 일은 실수와 같은 좋지 못한 결과를 가져오며, 반대로 온건한 상태의 자극을 받을 때 최상의 결과를 가져올 수가 있다는 것이다. 과도한 흥분과 각성(arousal)은 차라리 아무런 의욕 없이 수행한 일이나 마찬가지로 결과는 좋지 못하다는 것이다. 이 이론을 주장한 학자의 이름을 따서 '여키스와 돗슨의 법칙'(Yerkes-Dodson Law)이라고 부른다고 한다.

이 이론은 영어의 'U'자를 거꾸로 한 곡선(혹은 수학에서 사용하는 싸인 곡선)으로 설명되는데, 곡선의 가운데인 가장 높은 부분은 적정한 수준의 흥분과 각성으로 수행하여 이루어진 최상의 결과이므로 값이 가장 많고, 양쪽 끝의 두 부분은 과도한 흥분과 스트레스를 가지고 수행하였거나 혹은 전혀 아무런 동기도 없이 수행한 것이기 때문에 0에 가까운 값을 얻는다. 각성은 동기(Motivation)라고도 바꾸어 말할 수 있는데 여키스가 주장한 이 이론은 인터넷을 열어보면 상당히 많은 지면을 할애하여 설명되고 있는 것을 보아도 그 후 여러 학자들의 이론 수정을 거쳐서 현재까지 활발히 연구되고 있음을 알 수 있다.

그러나 이 이론의 골자는 너무 보편적인 것이어서 구태여 이것을 빌리지 않고도 일상생활에서 보아온 너무나 상식적인 일이다. 누구라도 너무 긴장하여 일을 할 때에는 실수할 가능성이 많다는 것은 짐작할 수 있다. 학문이라는 것이 평이한 것을 꼭 어려운 법칙으로 설명해야 하는 것인지 의구심이 일어날 때가 많은데, 꼭 이런 이론을 빌려서 설명해야 수긍하는 사람들이 많다면 이런 현상이야말로 학문적 의존주의가 아닐까 생각이 든다.

그러고 보니 우리 동양에도 과유불급(過猶不及)이라는 좋은 말이 있는 걸 미처 생각 못했다. 정도의 지나침은 도리어 부족한 것이나 같다는 뜻인데 앞서 설명한 각성의 이론을 한 마디로 더 잘 요약한 사상이라고 할 수 있다. 우리 주위에는 과욕이나 과도한 열정으로 일을 시작하여 실패를 하는 일을 자주 본다. 불가능한 일인 줄 알면서도 과욕을 부려서 일을 그르치는 일은 논의에서 제외시키더라도, 정말 순수하게 잘하려고 하였는데 결과는 그렇게 되지 못한 일들이 주위에는 흔히 볼 수 있다.

평소에 공부 잘하던 아이가 입시 시험장에서 너무 긴장한 탓에 자기의 기량을 발휘 못하고 낙방하는 일, 음악이나 무용 대회에서 손가락이 떨려서 혹은 팔다리가 긴장하여서 제대로 실력을 발휘 못해 낙방하는 아이들, 이 아이들은 평소의 상태에서는 얼마든지 훌륭한 기량을 발휘하였을 터인데 꼭 합격해야겠다는 지나친 긴장이 평소의 실력을 발휘 못하게 한 것이리라.

이렇게 실수를 한 학생들의 실패 원인을 자세히 살펴보면 본인의 과도한 스트레스도 원인이지만 더 큰 원인은 주변의 부모나 가족이나 학교로부터 받는 스트레스가 더 큰 원인이 되는 것 같다. 대개 이런 학생들은 가족이나 학교나 국가의 명예를 걸고 수행하는 경우가 많은데 꼭 좋은 결과를 내야겠다는 자기 자신으로부터 가해지는 스트레스 이외에 외부로부터 '국가나 혹은 기관의 명예를 걸고 꼭 이겨야 한다'는 이중의 중압감이 그를 누르고 있는 것이다. 그러므로 실패로 그를 몰고 가는 쪽은 자기 자신이라기보다는 외부의 압력이 더 클 것이다.

국제 축구경기 같은 온 국가가 과열된 열기 속에서 치러지는 대회에서 선수들이 오죽 중압감에 당황하였으면 자살 꼴을 넣을까? 한 점이라도 아쉬운 때에 자살 꼴로 상대편에게 점수를 보태주는 민족의 역적 노릇을 만인이 지켜보는 속에서 저지르다니, 실수를 한 선수는 정말 죽고 싶은 심정일 것이다. 아무리 노력해도 성적이 올라가지 않아 부모에게 미안하다고 자살하는 어린 학생들의 가슴 아픈 이야기도 바로 자기 자신보다는 외부적 요인인 부모로부터 받는 무언의 기대를 감당하지 못한 결과일 것이다.

우리는 살아가면서 자신도 모르는 새에 남에게 해를 끼치는 일이 어쩔 수 없이 있는 것 같다. 그 중의 하나가 애정과 관심이라는 이름으로 상대방이나 자식들에게 오히려 숨통을 조이고 있는 일을 하고 있지나 않는가. 이제라도 생각해 보며 살아야 하지 않을까? 오래 전 서방에서 주장되어 온 여키스의 법칙과 '과유불급'의 동양 사상의 가르침의 참뜻은 자신에게보다는 남에게 보내는 애정이나 관심의 중도(中道)를 당부하는 데 그 골자가 있는 것이 아닌가 생각해 본다.

지갑을 열어라

어느 노인 모임에서 단체로 외국 여행을 가려고 여행사에 문의를 한 일이 있었다고 한다. 여행사에서 손님을 일일이 모객하는 일이 수월하지 않는 터에 고객들이 12명이나 단체로 모여서 여행을 가겠다니 여행사로서는 환영할 만한 일이었다. 여행사 직원은 노인들의 나이를 일일이 물었는데 모두가 60의 중반을 넘어서 70을 바라보는 사람들뿐이었다. 나이를 알자 여행사는 노인들만 모시고 가기가 어려우니 개인적으로 관광 가이드를 고용해서 여행을 가시라면서 거절을 하였다고 한다.

왜일까? 노인들과 동행하면 이익이 없고 손해가 날 가능성이 많기 때문이다. 노인들은 행동이 굼뜨다, 말귀도 잘 알아듣지 못한다. 툭하면 몸에 탈이 잘 나서 간호해야 한다. 노인들은 참을성이 없다, 투정을 잘 내고 화를 잘 낸다, 예의를 안 지킨다, 자기밖에 모른다,

노인은 고집불통이다. 남의 말은 안 듣고 자기만 옳다고 한다, 비협조적이다, 노인을 설마 죽일거냐며 생떼도 잘 쓴다. 노인은 잘 씻지 않아서 냄새가 난다, 젊은 사람들은 보기도 좋은데 노인은 주름투성이어서 보기도 싫다…… 등등. 노인을 싫어할 이유는 이 외에도 너무나 많다.

뭐니뭐니 해도 노인이 인기가 없는 가장 큰 이유는 노인들은 짜기 때문이다. 즉 지갑을 잘 열지 않는다는 뜻이다. 외국의 여행지를 가보라. 신기하고 새로운 풍물을 보면 지갑을 선뜻 열어서 물건을 사는 사람은 젊은 사람들뿐이다. 노인들은 잔뜩 지갑을 움켜쥔 채 절대로 지갑의 지퍼를 열려고 하지 않는다. 이미 수많은 세월을 살아오는 동안 볼 것은 다 보아 왔다. 새삼 새로울 것은 별로 없다. 좋다고 사 가지고 와도 얼마 안 있으면 버리게 된다. 이 세상에 신기로운 것은 아무것도 없으니 그저 스쳐가면서 구경만 해도 되지. 물건으로 치면 이미 자신이 가지고 있는 것도 다 쓰지도 입지도 못하고 있는데 무엇이 아쉬워서 새것을 사겠는가?

지금의 노인들은 대부분이 육이오 전쟁이라는 혹독한 가난의 경험을 해온 사람들이다. 웬만한 결핍은 아무것도 아니다. 이만큼 잘 살게 된 것도 어딘데, 좀 산다고 낡은 물건을 버릴 것인가? 전쟁 때를 생각해보라. 좀 살만하다고 요즘 젊은 것들은 툭하면 물건을 함부로 버리는데 언제고 벌을 받지, 암 받고 말고 하면서 버린 물건을 다시 주워다가 자기의 방에다 모셔놓는다. 그러기에 노인들의 방 안을 보면 항상 지저분하고 너무나 낡은 물건으로 차고 넘친다. 젊은 이들이 노인을 싫어하는 이유가 또 여기에 있다.

그러나 노인에게 물어보라. 지금껏 오래 살아오는 동안 쓸 데가 없다고 버린 물건들이 후에 가서는 쓰일 때가 있게 되어 이미 버린 것을 후회하게 된 일이 얼마나 많은가? 노인들이 물건을 버리지 못하는 이유가 바로 여기에 있는 것이다. 사람들과의 관계에서도 그렇다. 별 볼일 없다고 박대하던 사람이 훗날 꼭 필요한 사람이 되어서 박대한 것을 후회하게 되는 경우가 얼마나 많은지? 그러니 사람이고 물건이고 간에 항상 소중하게 다르고 아껴야 한다.

의학의 발달과 개인위생과 건강에 대한 관심의 증가로 한국을 비롯한 많은 나라들에서 노인 인구가 급증하여서 초고속 노년화시대로 접어든 것은 시간문제라고 한다. 노인이 젊은이보다 넘쳐나게 되는 것에 대한 우려 중의 하나는 노인들이 지갑을 열지 않기 때문에 경제의 침체를 염려하는 것이다. 그러기 때문에 노인들에게는 적절하게 지갑을 열어서 돈을 쓰도록 교육을 시켜야 한다는 우려의 목소리가 커지고 있다. 나 자신도 예외가 아니어서 은퇴하고 나서는 좀처럼 돈을 쓰지 않게 되었다. 아무리 쓰려고 해도 돈을 쓰려면 어째 손이 떨리고 큰 죄를 짓는 것같이 느껴지는 것은 어릴 때처럼 귀에 못이 박히도록 '낭비는 죄악'이고 '아끼는 것만이 최선'이라는 소리를 듣고 자랐기 때문에 그 틀을 깨기가 어렵게 된 것이다. 나는 요즘 이것에 대한 극약 처방을 하나 발견하였다.

첫째, 노년이 되면 내가 갑자기 죽을지도 모른다는 생각을 갖는다는 것은 매우 중요하다. 사람의 수명은 아무도 모르며 누구라도 오래 살고 싶은 것은 사실이지만 죽는 시간과 죽는 모습은 마음대로 되는 것은 아니다. 살만큼 살다가 며칠 가볍게 앓은 후 사랑하는 자식들을 병상 주위에 모이게 해서 먼저 몇 마디쯤 유언을 남기고 죽는다면 얼마나 좋을까? 그러나 건강하다가도 갑자기 죽는 사람을 우리는 드물지 않게 보아 왔다.

갑자기 죽을지도 모른다는 생각을 갖는다는 것은 주변을 정리하는데 여러 가지로 도움이 될 것이다. 내가 갑자기 죽는다면 정리하지 않고 쓰던 물건들을 자손들이 정리하느라고 얼마나 고생을 하며 원망을 하고 또는 비난을 할까, 상상을 하면 등에 땀이 고이는 것을 느낄 것이다. 노년들에게는 일생 동안 사용하던 살림살이들, 옷가지들이 너무나 많다. 이 물건들 하나하나에는 얽힌 추억도 많고 애착도 가서 선뜻 정리해 버릴 수가 없어서 이날까지 차일피일 미루며 지녀온 물건이 대부분이다.

어느 날 나는 옷장 속의 옷들과 내가 쓰던 물건들을 모두 정리하기 시작했다. 옷장 속으로부터 비닐커버 속 사이사이로 먼지가 더께처럼 앉은 옷들이 쏟아지기 시작했다. 그 많은 옷가지에 나 자신도 입이 다물어지지 않았다. 10년 전 옷들, 15년 전 아니 20년 전의 옷들이 수두룩했는데 모두가 적지 않은 돈을 지불하고 산 것들이어서 남을 주지도 못하고 끼고 있던 옷들이다. 정말 이 옷들 중에서 내가 입을 만한 옷들은 얼마나 될까? 몇 년 동안 적어도 5년 동안 입지 않은 옷들은 필요 없는 것이니 정리하라는 말이 있다. 그러나 사실이 아니다. 그 말을 믿고 남들에게 주고 나면 반드시 그 옷을 입고 싶어질 때가 와서 처분한 것을 후회하게 된다. 이미 남을 주었나 하면서 옷장을 뒤지다보면 '브라보!' 장속에는 바로 그 옷이 얌전히 걸려있는 것을 보고 환호성을 지른다. 그러나 그 옷을 코디를 잘하여 입고 나가보면 어딘지 잘 안 맞는다. 역시 몇 년간 안 입은 옷은 어딘가 안 맞는 옷이니 역시 처분해 버리라는 말들은 맞는 말이다.

어느 날 나는 옷장 속의 옷들과 물건들을 정리하기 시작했다. 장 속에서 쏟아져 나오는 엄청난 양의 물건들, 찬장에서 나오는 그릇들, 은수저들, 나는 은수저들은 닦고 옷들은 먼지를 털고 내게 필요치 않아서 남에게 주어야 하는 물건들의 순위를 정하여 리스트를 작성하였다. 예를 들어 남에게 줄 물건들의 목록이라고 하고 제일 필요치 않은 물건들의 넘버를 정해서 적었다. 그리고 옷가지들은 상자에 넣어서 수녀원에 가져다 주었다. 이 리스트 작성은 정말 요긴하다. 남에게 무엇을 주고 싶어도 내가 무엇을 가지고 있는지 잘 기억이 나지 않을 때 이 메모를 보면 도움이 될 것이다.

오래된 그릇들, 사용하던 은수저들, 냄비들, 그리고 옷가지들은 주위에 필요할 것 같은 분들에게 주면 될 것이다. 옷가지라고 덮어 놓고 줄 일이 아니라 선별하여 그 사람의 칫수에 맞고 입을 만한 것을 주어야 한다. 그리고 나머지 옷들은 자선 기관에 기부하면 된다.

이런 물건들은 아직도 죽을 날이 멀었다고 생각되는 때에 정리하는 것이 좋다. 안 쓰는 물건들의 리스트를 중요성의 순서를 정해서 적어두고 주변 사람들에게 과감하게 나누어 주는 것이다.

현금도 마찬가지다. 더 늙어서 어떤 육체적 장애가 올지 모르기 때문에 필요한 간호사에게 지불할 돈은 남겨두고 쓰는 것이 좋다. 미국에서 어느 가난한 노인이 죽은 후에 움막을 뒤져보니 200만 불이나 되는 현금이 나왔다는 뉴스는 우리를 경악하게 한다. 이왕 사는 걸 그 많은 돈을 두고 초라하고 외롭게 살 필요가 무엇인가? 주위 사람들에게 아낌없이 돈을 쓰면 주위에 사람들이 모이고, 또 모이게 되면 외롭지 않고 즐거운 일이 생긴다. 혹자는 '돈을 쓸 때만 사람이 모이고 돈을 안 쓰면 오지도 않을 걸 무엇 때문에 쓰느냐고?' 항변하는 사람이 있다. 그러나 나는 이렇게 반문한다. 돈을 쓰니까 모이는 것이지 당신이 무엇이 매력이 있다고 사람들이 모이겠는가? 모이는 사람들을 위해서 쓸 돈이 있는 것을 감사해야 하고 돈을 쓴다고 모일 사람들이 있는 것에 감사해야 한다고. 죽으면 이제 모일 사람들도 없을 터이니까.

내게 전화위복을 가져다 준 사람

 여름 방학이 끝나고 새 학기를 시작하기 위한 준비로 전교 교수들의 회식이 있던 날이었다. 호텔에서 뷔페 식사가 막 끝날 무렵 대학 내 연구처에서 교수 연구 업적을 관장하고 있는 J교수가 내게로 와서 상당히 신중히 서두를 꺼냈으나 내용은 청천벽력의 것이었다. 내가 지난 2년 동안 한 편의 논문도 쓴 것이 없으니 문교부에 보고를 해야 한다는 통고였다. 대학에서는 교수들의 논문 수의 최소 한계를 2년에 한 편은 되어야 한다고 설정하고 있었는데 바로 나는 그 1편도 없다는 것이었다. 사실 대학 교수로서 2년에 논문이 한 편은 있어야 한다는 설정도 너무도 게으른 사람이 아니고는 있을 수가 없다고 생각하는 것이 보편적인데 이 최소한의 논문도 없다니 학생으로 말하면 낙제생이 되는 것이고 변명의 여지가 없는 것이다. J의 말에 의하면 우리 대학 전교에서 논문이 전혀 없는 사람이 네 명이 되는데 문교부의 방침에 따라서 보고해야 한다는 것이었다.

그 이야기를 듣는 순간 나는 쥐구멍이라도 있으면 들어가고 싶은 심정이었다. 그리고 자랑스러운 것은 못 되어도 나는 최소한도의 한 편 논문은 써서 학교 연구지에 발표했던 기억이 있었기에 그 사실을 알려 주었다. 그러자 그는 그럴 리가 없다고 하면서 논문의 사본을 가져오라고 하였다. 나는 수치심과 분노로 부들부들 떠는 손으로 연구실 책 더미에서 논문의 사본을 찾았고 논문게재 증명서를 제출한 사본도 찾았다. 빈약한 내 연구 업적에 대한 수치심과 자책감은 엉뚱한 방향으로 내 화를 돋우었다.

나는 연구처에 쳐들어가듯 내 논문 사본을 가져다 코앞에 내밀었다. 그런데 그쪽에서는 착오를 일으켜 미안하다는 말도 없이 턱짓으로 그냥 놓고 가라는 말뿐이었다. (보통 이런 경우에는 착오를 일으켜서 미안하다는 말쯤은 할 법한데 시무룩하게 대한 것이 나를 자극하였다. 훨씬 후에 생각해보니 아마 그는 이 기회에 톡톡히 나에게 망신을 줄 생각이었는데 그렇게 되지 못해서 무의식 중 그런 태도를 취한 것이 아닐까 생각도 든다.) 논문이 없다고 문교부에 보고하기로 결정이 나기 전에 여러 번 교무회의를 열고 자기네들끼리 우리들 이름을 여러 번 거명했어야 할 것이다. 또한 이런 치명적인 결정을 내리기 전에 적어도 한 번쯤은 본인들에게 사실 확인을 했어야 마땅했다는 생각이 들었다. 분명히 논문을 제출한 사람을 내지 않은 사람으로 착오를 일으킬 정도로 사무처리가 정확치 못했다면 본인들에게 다시 한 번 확인하는 절차라도 있어야 함이 마땅했다.

　분김에 내가 이 점을 따지자 J는 미안하다는 말은커녕 오히려 바빠서 착오를 일으켰고 그 원인은 자기가 아니라는 식으로 얘기했다. J는 나보다 6년 아래였고 같은 문과대학 소속이었으며 몇 년 늦게 학교에 부임해서 교수 서열은 나의 밑이었다. 교수들 사이에서 권위적이었고 비협조적으로 인기가 없었으나 웬 일인지 본인이 감투를 좋아해서였는지 혹은 줄타기를 잘해서인지 학교 본부에서 계속 보직을 맡았다. 그리고 일이 꼬일 때마다 나에게는 불리하게 작용하는 일에는 꼭 J가 끼게 되었다. 나와는 본의 아니게 천적 관계가 되었다고나 할까? 결국 두 사람 사이에 감정적 말이 오갔으며 더 참을 수가 없게 된 나는 평소에 없던 용기마저 생겨서 당장 총장실로 올라가 면담을 요청하였다. J를 위시한 연구처 직원들의 나태한 업무 태도의 개선을 요구하기 위해서였다.

　내 교수 후반기 연구 생활에 일대 전환기를 가져다 줄 이 사건은 이렇게 해서 일어났던 것이다. 그리고 나에게 전화위복의 기회를 가져다 준 이 사건이야말로 나와는 본의 아니게 천적의 관계였던 J의 불친절에서 비롯되었음은 인생의 아이러니라고 아니 할 수 없다. 처녀가 아이를 낳고도 할 말은 있다고 당시 내가 논문 쓰기에 부진하였던 이유는 실험 음성학 분석기인 CSL이 학교에 없었기 때문이었다. 이론적 연구보다 실험적 연구에 더 가치를 부여하는 학계의 추세랄까, 연구 논문도 실험으로 입증하지 못하는 연구는 관심 밖의 대상이 되는 터였다. 논문을 쓰기 위해서나 또 학생들에게 영문과 필수 과목인 음향음성학을 가르치는 데는 이 기기가 절실히 필요하였으나 이것이 없으니 자연히 쓰고 싶은 분야의 논문을 못 쓰게 되었다. 컴퓨터에 부착하여 쓰는 이 소프트웨어 값만 해도 당시 800만 원이 넘었고 그 외에 부속기기 값만도 적지 않게 들기 때문에 웬만한 학교에서는 장만할 엄두도 못 내고 있었다.

지금은 이 기기가 달러 환율 인상으로 더 올라갔음에도 웬만한 지방 대학에도 상당수가 보유되어 있지만 당시(1995년도)만 해도 서울 시내 대학 중 이것을 비치한 대학은 다섯 손가락에도 못 미쳤다. 이러한 고가의 기기가 학교에 비치되려면 이 과목의 교수가 학교에 상당한 영향력을 미칠 수 있는 위치거나 학문적인 명성이 무시 못할 경우여야 하는데 나는 어떤 쪽에도 속하지 못하는 존재이니 말한 마디 부쳐볼 엄두도 못내는 형편이었다.

그날 J가 그렇게 불친절하지만 아니 했어도 내가 총장실에 올라가 여러 가지 건의 끝에 이 기기의 소프트웨어 반값을 낼 터이니 구입해 달라는 제의는 못했을 것이었다. 항상 긴축경영을 하고 있었던 터라 학교가 반값을 희사한다 하여도 사줄 것 같지가 않아서 혼자 생각만 하고 있던 참인데 흥분된 상태에서 이 제의를 나도 모르게 입 밖에 내게 되었던 것이다. 당시 우리 대학은 문교부로부터 평가를 받을 예정으로 만반의 준비를 하고 있는 터여서 교육용 기계 구입 하나라도 아쉬웠던 때인지라 나의 제의는 학교의 구미를 당기게 하였다. 당장 총장은 내 제의에 그렇게 하마고 선뜻 응낙하였고 너무 선뜻 응낙하는 바람에 얼떨떨해진 나는 속으로 실수를 하였구나, 그냥 다 사 달라고 할 것을 후회하는 마음이 들었다.

  이렇게 해서 내 소원대로 CSL을 사게 되었다. 그러나 기계가 내 연구실에 놓여지게 되기까지는 여러 고비를 겪었다. 나는 약속대로 400만원을 즉시 학교에 지불하였고 학교는 당시 교수들로부터 모금하고 있었던 학교 발전 기금으로 이 400만원을 처리해 주겠다고 하였다. 그런데 한 달이 넘도록 소식이 없었다. 알아보니 대학 본부 교무위원들이 반대한다는 것이었다. 표면적 이유는 교수 개인의 연구용 기기를 왜 학교가 구입해 주느냐 하는 것이었다. 교수가 400만원이라는 돈을 내면서까지 사는 기계라면 필시 본인이 아쉬워서 사는 것이지 학생들에게 필요한 기계라면 왜 학교에서 사달라고 하지 않는 것인가라는 의심에서 시작되었을 것이다.

  우리 대학은 미술대학과 공과대학이 우세하여서 모든 기계나 설비는 이 두 대학 위주였던 터라 문과대학은 서자 취급을 당하는 것이 어제오늘만은 아니었다. 음성학은 영문과 이 학년 필수과목이며 이 과목에서는 반드시 음향음성학을 배우게 교재가 되어 있었다. 음향음성학을 이해하려면 모음의 특징을 말해주는 포먼트의 수치를 재야 하는데 이것을 보여 주기 위해서는 CSL이 필수품이었다. 예전 같으면 공과대에서 물이 산소와 수소로 이루어진다고 칠판에 공식으로만 가르치고 실험을 아니 한다면 누구라도 삼류 학교라고 지탄을 받게 될 것이다. 하지만 지금 칠판에 모음의 포먼트 수치를 필기하여 주고 그대로 믿으라고 가르쳐도 당연한 줄 알고 실험을 아니한다고 의의를 달지 않는 것이 오늘의 대학 현실이다. 미대와 공대에는 온갖 기구와 실험 도구를 비치해 주면서도 문과대학에는 칠판과 백묵만 주고 학생들을 잘 가르쳐서 미대나 공대처럼 일류 단과대학으로 발돋움하라고 한다. 이런 대학 본부 측의 무리한 주문에도 수수 방관 무저항으로 나가는 문과대 교수들의 책임도 있다고 보아야 한다.

간접으로 들려오는 소식에는 연구처 책임자로 있는 J의 반대가 특히 제일 심했다고 했다. 또 같은 영문과내의 교수들 중 어떤 한 사람이 (아마 과장이었을 것이다) 영문과에는 이 기계가 필요 없다고 하였다고 한다. '사촌이 땅을 사면 배가 아프다'라는 속담은 하나도 헛말이 아닌 것 같았다. 자기네는 돈 한 푼도 내지 않으면서 그 기기가 왜 필요한가도 알아보지도 않고 덮어놓고 남이 산다니까 반대를 하는 형국이었다. 나는 당장 총장실에 가서 학교와 반반씩 부담하기로 하고 기계를 구입하려고 한 협정을 무효로 하고 이미 지불한 내 돈을 반환해 줄 것을 요구하였다. 돈이 아무리 들더라도 내 개인이 돈을 지불하고 집에 설치하여 개인적으로 연구하는 것이 낫겠다는 생각이 들었다. 분한 마음에 며칠간 불면의 밤과 토사곽란으로 기진하여 걷자니 다리가 떨려 왔다. 그러나 한번 학교에 지불한 돈이 다시 반환해 나오는지는 않았다. 나의 무효화 주장에 학교 측에서는 반대하는 교무위원들 앞에서 왜 그 기기가 필요한가를 설명하라고 하였다.

나는 서울 시내 유명 대학에서 보유하고 있는 음성학 기기의 종류와 CSL 보유 실태를 조사하였고 그 내용을 일목요연하게 정리하여 가져갔다. 그리고 2학년 음성학 교재도 함께 가져가서 보여 주었다. 영문과 필수과목인 음성학 교재 후반 8장에서부터 11장까지 모두 음향음성학으로 할애되어 있어서 누가 보아도 이 기기의 필요성을 알게 되어 있었다. 그리고 이미 이 기기를 보유하고 있는 대학 어느 곳도 다 학교 부담으로 들여놓았지 어느 교수 개인 돈을 희사받아 비치해놓게 된 대학은 없었노라고 알려 주었다. 결과는 신속하게 처리되었다. 교재를 보여 주자 당장 J가 더 설명할 필요도 없이 좋다고 하였다. 그리고 심지어 어느 교무 위원은 학교가 다 비용을 부담하여 이 기기를 사놓는 것이 옳다고까지 하였다.

이런 우여곡절 끝에 장만하게 된 CSL은 괄목할 만한 결과를 가져왔다. 우리 학교 박사 2명과 석사 3명이 이 기기를 이용하여 학위 논문을 썼으며 내 꿈에 그리던 〈북한 모음체계의 실험 음성학적 분석〉이라는 연구 논문집이 6년간의 연구 끝에 학계에 선보이게 되었다. 이 실험 연구는 CSL을 이용한 거의 최초의 연구여서 국내외 학회에서 논문으로 발표할 때마다 주목을 받을 수 있어서 기뻤다. 국내 학회뿐만 아니라 한 동안은 연구비를 받아서 국제 학회에서도 발표하게 되었다. 2년에 한 편의 논문도 없다는 수모로부터 일 년에 4편까지 학회지에 논문을 실리게 되는 경우까지도 오게 되었다. 이번에는 연구처에서 어떻게 일 년에 학회지에 게재 논문편수가 4편이나 되느냐고 착오가 아닌가 실적물 조사를 하였다. 논문 쓰기가 어려우면 "회갑 기념 논문집이나 학생생활 연구지에 수필처럼 글을 써도 논문으로 인정된다"고 나를 딱하게 여기듯 조언해 주던 사람이 이번에는 "선생님은 노년에 젊은 사람보다 더 왕성하게 연구하니 후배에 좋은 귀감이라"고 말을 하였다.

세상에는 사이가 좋은 사람도 또 나를 헐뜯는 사람도 다 함께 사는 곳이다. J의 우연찮은 수모는 나를 분발케 하여 연구하도록 하였으니 J는 고마운 사람일까, 나쁜 사람일까? 결국 그의 의도와는 다르게 나의 학문 연구에 촉진제가 되었다. 달콤한 칭찬보다 J처럼 방해하고 반대하는 사람이 더 도움이 될 수 있다는 평범한 사실이 이때처럼 깊게 느껴진 적은 없었다.

언어학회의 낭만과 추억

한국 언어학회는 1975년 185명이 발기인이 되어서 창단되었으며 제1회 학회장은 장석진 현 서울대 명예교수였다. 필자도 영광스럽게 그 발기인 대열에 끼였으나 30대 나이로 막 대학에 전임으로 발령받은 이듬해였는데 언어학에 대해 배우고 공부하고 싶은 열정이 창단 멤버로 등록하게 하였다. 결혼 후 겨우 돌이 된 아이를 친정에 떼어두고 남편을 따라 하와이대학(University of Hawaii) 대학원에서 응용 언어학을 공부한 것이 언어학과의 만남의 시작이었다.

시대적으로도 언어학계를 지배하던 구조주의가 물러가고 촘스키(Chomsky)의 변형생성문법 시대가 도래하여 학계를 지배하고 있었는데 구조주의의 이론을 중점적으로 배운 사람들에게는 변형생성문법의 도식 자체가 마치 수학의 공식처럼 생경하게 느끼던 시절이었다. 그러니 새로운 이론에 대해 공부해야 대학에서 살아남을 것이라는 각오 하나는 단단하여서 열심히 학회에 참석하여 강의를 들었다.

지금도 생각나지만 초창기에는 학회 모임이 주로 서울대학교 캠퍼스에서 주말에 열렸는데 아침에 어린 아이들을 집에 두고 일찍 보광동에서 버스를 갈아타고 서울대학교 교정까지 아홉시 첫 시간에 간신히 대어가면 몇 사람들이 입구에서 추위에 코끝이 빨개져서 뜨거운 커피를 마시고 있던 생각이 난다.

지금은 언어학에 관련된 학회의 수도 우후죽순처럼 늘어나서 이들의 모(母)학회 격인 언어학회에는 참석하는 사람들이 많지 않지만, 초창기 언어학회 시절에는 유일한 언어학에 관련된 학회였으며 이곳에 오면 한국의 언어학계를 이끌어 가는 모든 유수한 교수들을 다 만날 수 있었다. 그 당시 학회의 중추 역할을 하셨던 분들 중에 기억나는 분들은 장석진, 양동휘, 이혜숙, 양인석, 이기문, 전상범, 이기용 교수들을 위시하여 다수 계셨다. 이분들은 솔선수범하여 학회에 빠짐없이 참석하고 시작부터 끝까지 자리를 지켜서 공부하는 분위기를 조성하는데 일조를 하였다. 그러니 학회의 분위기는 어떤 다른 학회가 따를 수 없는 '공부하는 학회' 그 자체였으며 학회에 나와 새로운 것을 배운다는 것에 대해 굳건한 믿음과 신뢰가 있었다. 또 학회에 참석해야 새로운 정보를 얻을 수 있고 학회에 참석하지 않는 사람은 공부하지 않는 사람으로 낙인찍힐 정도가 되었다. 언어학회 초기의 이러한 진지한 분위기는 필자는 전에도 후에도 경험해 보지 못했다.

양인석 교수가 제3대 학회장이 되면서 언어학계는 그 면모를 쇄신할 기회를 잡았다. 당시 양인석씨는 40대 후반의 나이로 아마도 내가 기억하기로는 한국 인문학회사상 처음으로 81년 여름 국제언어학회를 계획하였다. SICOL 81(Seoul International Conference of Linguistics)이라는 이름하에 당시 문교부 장관이던 이기호씨로부터 4천만 원이라는 당시로는 거금의 후원과 다른 작은 몇 곳의 후원을 받아서 세계적인 언어학 거장들을 서울 한자리에 모아서 언어학의 부흥을 일으키고자 하였다. 사실 한국에서 정치학회나 행정학회와 같은 정치에 민감한 학회들은 일찍이 정치권으로부터 적지 않은 금전적 후원을 받아서 국제학회를 개최하거나 또 외국에서 개최되는 학회에 참여하는 일이 드문 일이 아니었다. 그러나 유독 인문학 분야만은 금전적 후원이나 주목을 받지 못했으며 이러한 점이 오히려 독자적으로 학문에 대한 열정과 순수함을 가지고 스스로 키워나가는 학회로 발전되는 계기가 되었다고 본다. 그런데 이렇게 주목받지 못했던 언어학회가 정부 기관으로부터 거금을 후원받기는 언어학회 역사상 처음인 것이었으니 그 놀라움과 흥분은 짐작이 가고도 남는 일이었다. 81년에 열리는 국제언어학회 또 다른 명칭은 '조용한 아침의 언어학(Linguistics in the Morning Calm)'이라고 하여 조용한 아침의 나라인 한국에서 개최되는 언어학회라는 뜻을 내포하였다.

사실 한국의 많은 우수한 인재들이 미국에서 지도 교수의 인정을 받으며 언어학 박사 학위를 취득하고 귀국하여 후학을 가르치고 있었으나, 한국의 언어학 수준이 국제적으로 각광을 받거나 인정받을 기회는 적었다. 학회 담당자들의 걱정은 과연 국제적으로 거물급인 외국 학자들이 한국 언어학회 초빙에 순순히 응해 줄 것인가 내심 걱정이 되기도 하였다. 이들 외국 학자들이 생각하기에는 한국은 아시아의 일본 끝 어느 쪽엔가 위치한 '조용한 아침의 나라' 정도로만 알고 있지나 않았는지?

양인석 회장은 취임 초기부터 이사진들의 협조를 얻어 국제언어학회를 일사분란하게 준비 작업하였다. 그가 회장이 된 이후에 내건 학회 슬로건은 '공부하고 연구하는 학회, 정신적으로 노쇠하지 않는 학회, 세계를 호흡하는 학회'였다. 그는 학회가 열리고 끝날 때마다 SICOL 81의 계획을 이야기하면서 청중들로 하여금 'SICOL 81'이나 학회 3대 슬로건을 소리내어 외치게 하였는데 좀 유치한 방법이기는 하지만 앞에 앉은 열성적인 대학원 학생들은 양인석 교수의 선창에 따라 소리 내어 복창하였다. 당시 일부에서 이런 방법을 유치하다고 비판도 하였으나 모두가 SICOL 81을 서울서 개최한다는 사실에 자부심을 가졌고 또 성공하기를 기원하였다.

마침내 SICOL 81은 1981년 7월 28일부터 8월 3일까지 서울 소공동 롯데호텔에서 열렸다. 무려 435명의 국내 언어학회 회원들과 86명의 외국인 학자들이 참석하는 언어학회 사상 최대 규모의 학회가 열렸다. 특히 저서를 통해서만 대할 수 있었던 세계적인 언어학자들이 특별 초청 강사로 참석하였는데 음운론의 거장 키팔스키(Kiparsky)를 위시하여 베네만(Vennemann)과 필모아(Filmore), 개즈다(Gazdar), 래코프(Lakoff), 그리고 로스(Ross) 등이었으며 이들이 학회 기간 동안 거처할 곳은 최고급의 롯데호텔 객실이었다. 당시만 해도 유학하는 것 이외에는 국내 정책과 경제사정상 해외 학회에 자비로 참석한다는 것은 생각하기 힘든 일이었다. 항상 책 속에서만 그의 이론을 읽고 감명을 받던 세계적인 학자들이 손수 서울로 찾아와서 그의 육성으로 강의를 들려주고 또 평소 의문시되었던 질문도 직접 할 수 있다는 것은 놀라운 일이었다. 눈으로 읽는 것보다는 눈과 귀를 통해 (audio-visual) 듣는 것이 훨씬 더 이해가 빠르다는 것이 증명이 된 듯 청중들의 감동은 컸다. 또 이들 외국인 학자들 앞에서 국내외 학자들과 학도들의 논문발표와 토론들이 있었는데 초빙된 거장들은 발표되는 논문에 일일이 경청하고 질문하여 관심을 보여주었다.

학회 기간 동안 점심과 저녁 때 서울 시장과 후원 업체가 전 회원에게 베푸는 만찬이 심심찮게 롯데호텔에서 있었으며 지방 회원들은 할인가격으로 플라자호텔에서 숙식할 수도 있었다. 아무튼 대회 기간 중 회원들은 학문적으로나 육체적으로나 충만한 만족감에 마치 셰익스피어의 '한여름 밤의 꿈'과 같은 황홀한 여름을 보내게 되었다. 동방예의지국인 '조용한 아침의 나라'의 언어학회는 초빙된 세계적 학자들에게 융숭한 대접과 선물은 물론이고 학회 기간이 끝나고 원하는 사람들에게 경주 등지를 여행할 기회를 주었다는 후문도 있었다.

　SICOL 81 대회는 회원들에게 크나큰 감동을 주었으며 이 국제 학술대회를 계기로 한국 언어학회는 큰 변화를 맞이하게 되었다. 무엇보다도 우리의 언어학 수준이 세계적 수준에서 결코 뒤지는 것은 아니라는 자신감을 갖게 된 점이다. 이후 국내 언어학의 발전 속도는 눈부시게 박차를 가하게 되어 미국 언어학회와 한국을 거의 일일 권으로 연결하게 되었으니, 예를 들어서 MIT에서 강의하고 있는 촘스키(Chomsky)의 등사판으로 인쇄된 최신 논문들은 그 곳에서 강의를 듣는 한국 학생에 의해서 불과 며칠 안에 한국으로 전해지면 학회에서는 복사하여 열심히 강독하는 식이었다. 한참 후에는 미국으로 유학 간 학생의 입에서 그 곳에서 강의 듣는 내용들이 이미 국내 학회나 석사과정에서 공부하고 간 것이 대부분이어서 복습하는 기분이라는 말도 들려오게 되었다.

　SICOL 81 대회를 효시로 언어학 관련의 크고 작은 국제 학회들이 서울에서 봇물이 터지듯 개최되었는데 초빙을 받은 학자들이 이미 한국에 초대받았던 학자들로부터 소문을 들어서였던지 대개는 두말 없이 한국을 찾아 주게 되었다. 그러나 SICOL 81과 같은 규모의 대회는 전무후무하였으며, 나중에는 불과 5, 6명의 외국인 학자를 초대해 놓고 거창하게 국제학회라는 명칭을 남발하는 부작용도 생기게 되었다.

　SICOL 81 대회는 한국의 언어학 인구의 현저한 증가를 가져오는 계기가 되었다. 제 1회 영어학회의 회장을 역임한 서강대학교의 김영석 교수는 81년 SICOL 대회 당시에는 경기고등학교의 인기 있는 영어 교사로 참석하게 되었는데 세계 거장들의 강의와 학회 분위기와 열기에 감격을 받아 교사직을 내던지고 어학을 공부하기 위하여 미국 유학길에 올랐다. 그는 텍사스 대학에서 음운론 박사학위를 받고 지금은 음운론계에서 활발하게 활동하고 있는데 가끔 81년의 언어학회 때 받은 감격을 얘기하곤 했다.

서울대 영문과를 졸업하고 스탠포드(Stanford) 대학에서 음운론을 공부하던 조영미씨는 지도교수를 선정 못해서 고민하고 있을 때 SICOL 대회에 다녀왔던 음운론의 거장 키팔스키로부터 스스로 자신이 논문지도 교수가 되겠다는 제의를 받고는 놀랐다고 한다. 조영미씨는 그가 너무 거장이기 때문에 우수한 미국인 학생들이 다투어 지도 학생이 되려고 경쟁하는 판에 무명의 자신을 선뜻 지도 학생으로 받아 준다는 것은 상상할 수가 없었다고 한다. 또 너무 거장인 교수가 지도교수가 될 때 부담감도 느끼기도 하여서 속으로 좀 명성이 덜한 다른 교수로 정할까 하고 걱정하고 있었다는데 그로부터 직접 제의를 받았으니 놀라울 수밖에 없었을 것이다. 이 세계적 거장이 얼떨떨해진 조영미씨에게 설명하기를 자신이 한국 SICOL 대회 때 너무 융숭한 대접을 받았고 한국 학자들의 열의에 감명을 받아서 보답하기 위해 스스로 한국 학생의 지도 교수가 되기로 마음먹었으니 부담감을 갖지 말라는 위로까지 받았다고 한다. 그 후 조영미씨는 순조롭게 키파르스키 교수의 지도하에 음운론 박사학위를 받고 미국 대학에서 교수로 학문 활동을 하고 있다.

해마다 봄, 여름, 가을, 겨울 네 계절 별로 열리는 한국 언어학회에 참석한 덕분에 필자도 음성 음운론을 깊이 있게 배우는 계기가 되었으며, 이것이 가교가 되어서 미국에서 2년에 한 번씩 열리는 LSA 학술대회(Conference of Linguistic Society of America)에 참석하여 음향 음성학을 본격적으로 공부하게 되었다.

2003년 2월 4일 한국 언어학회(이익환 회장)에서는 전임 회장단을 모시고 언어학회의 과거, 현재, 미래를 진단하는 특별한 모임을 가졌다. 전임 회장단들의 회고 속에서 가장 많이 거론된 것은 'SICOL 81' 대회의 일이었다. 또 양인석 전 회장이 내건 학회의 3대 슬로건도 거론되었으며 모든 참석자로부터의 일치된 의견은 양인석 전회장의 학회 발전을 위해 바친 헌신적 노력이었는데 은퇴하고 얼마 후 고인이 되었기에 더욱 그리운 마음을 일으키게 하였다. 그가 내건 3대 슬로건은 음미해 볼수록 명언이었으며 그 중에서도 특히 〈정신적으로 노쇠하지 않는 학회〉라는 슬로건은 몸소 실천하여 타계하기 전까지도 학회에 나와 논문을 발표하고 투고하였으니 그의 불굴의 정신은 모든 이의 뇌리에 오랫동안 기억될 것이다. 사람의 진 목면은 살아생전보다는 사후에 분명하게 드러난다는 진리를 다시 한 번 생각나게 하는 대목이었다.

잠 안 오는 밤의 선물

불면의 괴로운 밤을 경험해 보지 않은 사람은 없을 것이다. 남은 곤히 꿈나라로 헤매고 있을 때 자기 혼자만이 잠을 못 이루고 이리 뒤척 저리 뒤척거리며 온갖 생각을 떠올릴 때의 괴로움이란 경험해 본 사람만이 알 것이다. 오늘 밤 잠을 못 자면 틀림없이 내일 온종일 해야 할 일이 걱정이다. 그래서 수면제도 먹으며 잠을 청해보지만 그러면 그럴수록 더욱 정신은 맹숭맹숭해지고 만다. 잠만 아니 오는 것이 아니라 맹숭맹숭한 정신 위로 온갖 지나간 일이 떠올려지고 그 중에서도 언짢은 일들만 더욱 확대되어 나타나서 나를 괴롭힌다.

낮에는 별 생각 없이 마주쳤던 일들도 밤에만큼은 심각하게 확대되어 가슴을 조이고 분하게 하고 또는 비관하게 만든다. 오죽하면 불면으로 고생하던 삶들로 인해 한밤에 자살하는 일이 있을까! 잠 안 오는 밤에 내 앞에 벌어지는 상념들은 도저히 해결할 수 없는 일로 나를 막다른 골목으로 몰고 가기 때문이다. 숨은 턱턱 막히고 도저히 내가 헤쳐나갈 힘이 없는 것처럼 보인다. 불면의 밤에서 몰려드는 절망감에서 벗어날 방법이란 오직 죽는 길밖에 없는 것처럼 보일 것이다.

그러나 비관과 좌절과 포기만이 불면의 밤이 가져오는 대상은 아니다. 불면을 잘 견디다 보면 갑자기 바쁜 대낮에는 까마득히 잊어버렸던 중요한 일들이 떠오른다. 누구에게 약속하고 지키지 않은 일, 돈 꾼 것 갚지 않은 일, 밥 얻어먹고 갚지 않은 일, 가벼운 말 한마디로 누구를 섭섭하게 한 일, 손자의 물음에 대꾸를 안한 일, 논문에 추가할 좋은 생각들, 그러나 그뿐인가? 해결되지 않은 일의 해결책, 잘 써지지 않던 글의 좋은 방향 제시 등, 잘 풀리지 않던 일들의 해결책들이 차례로 떠오른다. 고심하여 찾던 멋있는 새 책의 제목까지도.

이들 골치 아프게 했던 문제들이 어느새 무의식의 세계 속에서 계속 노력하며 불면의 시간을 조용히 뒤척이고 있을 때 해답이 되어 나타난다.

7년 동안 인기리에 방송되었던 KBS의 영어교재 제목 〈Better English Conversation〉도 잠이 안 와 뒤척이던 때에 떠올랐던 이름이다. 또 하나의 나의 저서 《지구촌 언어 여행》의 제목도, 《골드 위도 홀로서기》의 내 수필집 제목도 이런 고뇌의 어느 반짝 하는 순간에 떠올랐던 것이다.

이제 나는 잠을 자기 전의 문제점이 될 만한 것들을 읽고 잠자리에 청한다. 왜냐하면 잠의 또 하나의 무의식의 세계가 내가 잠을 자는 동안 해결해 줄 터이므로. 잠이 안 오는 밤 시간이란 마치 전기가 나가서 TV도 볼 수 없고 장마나 한파가 심해서 어디 나갈 수가 없고 집안에 말동무도 없고 전화도 불통이고 오직 어둠 속에서 오랜만에 대면하지 못했던 내 자신과 대화하는 시간이다. 충만한 시간이니 고맙게 생각해야 할 것이다. 이럭저럭 고민의 해결을 보는 순간 그렇게 오지 않아 뒤척이던 잠도 새벽녘이면 소르르 내게 찾아와 아침까지 단잠을 자게 하니 잠이 오지 않는다고 걱정할 필요가 없다.

3장

뒤돌아 보니……

퇴임식에 앞서 마지막 강의 2002. 02

골목 반장(이소위대以小爲大)

'무보수 자원 봉사', 듣기만 해도 정말 아름다운 어휘이다. 그러나 현대 사회가 발달될수록 사람들은 점점 더 이기적이 되어가고 있다. 나 역시 누구 못지않게 이기적인 사람이라고 생각한다. 그러나 딱 한 곳, 불의를 보면 앞뒤 가리지 않고 따지고 나서게 되는 것은 어쩐 일일까? 지난 세월을 돌아볼 때 나는 작은 공동체에서 이런 불의와 맞서 싸워 온 일이 수없이 많다. 조금만 참으면 될 걸, 다른 사람들 대신에 앞서서 불이익을 막기 위해 공동체 구성원의 불만을 해결해 주는 것은 다행이라 하겠으나 남이 여유를 즐길 때 나는 내 시간을 바쳐서 싸울 뿐만 아니라 항상 요주의 인물이 되는 손해를 감수해야 했다. 무슨 일이 생기면 우선 주위에서 나에게 나서라고 부치기까지 하는데 귀찮은 일을 나에게 맡긴다는 것을 뻔히 알면서도 나는 내 앞에 처 놓은 그물에 기꺼이 걸려들고 만다. 나는 안다. 이들은 항상 뒤에서 도와주겠노라고 하며 나보고 앞에 나서라고 하지만 일단 불리할 때면 내 등 뒤에 숨거나 도망가기 일쑤고 일이 유리하게 될 때는 서로 앞다투어 나선다는 것을. 그러나 문제는 내게 있다. 경우가 틀리는 것을 못 참고 일을 맡으면 끝까지 싸워 이겨야 하는 나의 승부 근성이 문제다.

대학교 영문과에서 늦깎이 과장을 맡았을 때도 그랬고 내가 40년간 살아온 아파트 내에서 서로 안 하려고 하는 반장 일을 7년간 맡다가 리모델링 반대 추진위원장을 맡게 된 것도 그렇고 헬스클럽에 다니면서 운영회의 일을 맡은 것도 그렇다. 1990년 초에 문을 연 헬스클럽에는 문제가 많았다. 약관을 자기네에게 유리하도록 만들고 회원이 탈회 시에는 보증금을 제때에 주지 않았다. 어느 헬스클럽에서는 간부끼리 돈을 횡령하여 회원이 맡긴 보증금이 위태로워질 때도 있었다.

누구라도 헬스클럽에 다니는 것은 건강을 위하여 가는 것이지 싸우러 가는 것이 아니다. 당장 내 보증금이 위험해도 누가 대신 나서서 해결해 주기를 원하지 자신이 나서서 문제를 해결할 마음은 없는 것이다. 그런 때 참지 못하고 나선 것이 바로 나다. 나는 돈을 내고 등록한 헬스클럽에서 운동은 못 하고 그 시간에 대신 헬스클럽 간부들과 회의를 하거나 입씨름을 하느라고 시간을 보냈다. 유쾌하지 못한 일을 하느라고 오히려 건강에는 해가 될 지경이었다. 적당히 하면서 내 건강도 챙겼으면 좋았을 것을 맡은 일을 다 하느라고 힘든 시간을 보냈다.

일을 하려면 좀더 명예가 있는 이를테면 무슨 위원회의 회장 정도나 할 일이지 무보수에 기껏 남이 거들떠보지도 않는 하찮은 일이나 하는 나의 역할에 나는 기꺼이 '골목대장'이라는 이름을 붙인다. 내가 아니었더라면 해결하지 못했을 여러 가지 사항으로 내가 사는 소공동체가 조금은 나아졌을 것이라는 생각으로 자부심을 갖는다. 사람들은 내가 자신들을 위해서 힘들게 싸울 때는 별로 고마움을 표시하지 않았으나 내가 다른 곳으로 헬스클럽을 옮겨 나오지 않게 되었을 때 "강 교수가 없어서 이곳이 나빠지고 있다"며 아쉬워한다는 말을 전해들은 적이 있다. 언제인가 사석에서 이 일을 이야기했을 때 어느 국문과 교수가 이소위대(以小爲大, 작은 것으로 큰 것이 된다)라는 글귀를 내게 준 것에 감사하고 또 위로로 삼는다.

차라리 연애를 하세요

　내가 평교수에서 십년 만에 영문과의 과장 발령을 받았을 때 자신의 동의도 받지 않고 여 교수에게 과장을 시켰다고 해외 출장중이었던 학장이 항의하였다고 한다. 그만큼 여 교수에게는 보직을 주지 않던 시절이었다. 사실 학교에서 여 교수인 나를 시키고 싶어서 과장을 시킨 것도 아니었다. 나보다 두 살이나 밑이고 늦게 발령을 받은 남자 교수를 일 년 전 과장으로 발령을 냈었는데 영문과에서 일어난 학생들의 소요사태를 해결하지 못하자 학교에서 일방적으로 그를 해임하고 나를 과장으로 임명하였던 것이다. 여 교수의 능력을 과소평가하다가 갑자기 남자 교수가 해결하지 못하는 일을 해결하라고 맡긴다는 것은 자가당착이라고 해도 이만저만이 아니었다. 일언지하에 나는 이것을 거절했어야 마땅했다. 그런데 비겁하게도 나는 내 마음과는 반대로 냉큼 과장 사령장을 받았을 뿐만 아니라 학생들의 소요사태도 곧 해결하였던 것이다.

나는 학생들과 대화를 하기 위하여 시간이 날 때마다 영문과 학생들을 5,6명씩 불러서 점심을 들면서 그룹지도를 하였다. 이렇게 대화하다 보면 여지껏 몰랐던 학생들의 고충들을 듣게 됨으로써 이런 문제가 있었구나 하고 여지껏 몰랐던 점을 발견하게 되고 이 문제를 해결해 주면 학생들과의 거리가 가까워지는 듯했다. 어느 날인가 한 학생이 미국인 교수가 아침 9시, 10시에 영어회화를 연속 강의하는데 아침 9시 시간은 겨울이고 추워서 학생들이 많이 결석한다고 아예 9시 시간은 안 하기로 하였다고 했다. 어쩌다가 휴강하는 것이 아니라 한 학기 내내 아침 9시 시간을 휴강한다니 정말 심각한 문제였다. 학년 학생 대표에게 물으니 '그 미국인 교수 시간은 배울 것도 없어서 차라리 휴강하는 게 낫다'라고 대답하였다.

나는 직접 확인할 필요가 있다고 생각했다. 그 미국인 교수의 강의가 있는 날 9시에 조교를 강의실로 보내서 확인시켜 보았다. 과연 9시에는 강의가 없었고 어쩌다 오랜만에 출석하게 된 한 학생이 오히려 조교에게 "이 시간이 언제부터 휴강이에요?"라고 물었다고 한다. 자격 없는 미국인 강사들의 문제는 지금이나 예나 마찬가지였다. 나는 어떻게 해결해야 할지 막막하였으나 우선 학과장으로서 교무처에 공식 보고는 해야 한다고 생각했다. 직무유기이기도 해서 나는 즉시 이 사실을 교무처에 보고하였다. 그러나 그 결과는 걷잡을 수 없는 사태를 유발하였다.

우선 학교 당국은 이 미국인 강사에게 다음 학기부터는 재계약을 하지 않겠다는 통보를 하게 되자 그 미국인 강사는 매 주일 휴강한 것이 아니고 어쩌다 한 것이라고 주장하고 나섰다. 그 미국인은 자기가 학생들에게 임시로 휴강하겠다고 말했는데 학생들이 영어 실력이 없어서 잘못 이해했다고 학생들에게 책임을 돌렸다.

미국인은 주변 교수들에게 찾아가서 억울하다고 호소하기 시작했고 내가 교과서 채택료를 폐지시킨 것에 불만을 가지고 있었던 주변 학과 남자 교수들은 일제히 불쌍한 외국인을 핍박한다는 비난을 내게 퍼붓게 되었다. 어느 날인가 밤에 평소 나에게 호의적이었던 한 남자 교수가 내게 전화를 하였다. 그는 몇 교수들끼리 술좌석에서 나에 대한 비난을 들은 것 같았다. "강 선생님, 제발 미국인 교수 건은 포기하고 아름답게 사세요. 차라리 연애를 하시지요"라고 충고를 하였다. 그의 생각에는 여 교수의 아름다운 모습이란 정의의 싸움은 하지 않고 차라리 연애는 할지언정 남 보기에 즐거움을 주는 존재로만 인식하는 것 같았다. 정말 여성을 폄하하여도 이만 저만이 아니었고 요즘 같으면 문제도 될 만한 말이었다.

그러나 이 지경에 이르러서 나는 그만두고 싶어도 그만 둘 수가 없었다. 이제는 미국인 강사와 나 중에서 누가 거짓말을 했느냐의 문제로 비화하게 된 것이다. 미국인이 정말 한 학기 내내 휴강한다고 한 것이 아니라 임시로 몇 시간만 휴강을 한다고 했는데 내가 한 학기 내내 휴강한다고 뒤집어씌운 것인가를 가리는 일이 남아 있었다. 그 진위는 미국인 시간에 수강하는 학생들이 더 잘 알 터인데 아직 학생들의 회화실력이 부족해서여서인지 아무도 자신 있게 증언하려고 나서는 사람이 없었다.

어느 날 다른 학과의 학생이면서 이 미국인 영어 회화시간을 수강하는 나이가 든 한 학생이 내 연구실에 찾아왔다. 자기는 군대 카투사 출신으로 영어회화 실력도 있고 이 시간을 택한 이유는 미국인 교수의 말이 워낙 알아들을 수 없고 난해하고 재미없지만 자기 영어 실력을 테스트하기 위해서 선택과목으로 듣노라고 했다. 그는 말하기를 미국인은 정말 한 학기 내내 휴강한다고 말했으며 이 사실을 기꺼이 증언하겠다고 했다. 그는 첨부하기를 그 시간을 수강하는 학생들의 영어 실력은 교과서 몇 페이지를 펴라고 해도 못 알아듣는 정도라고 말했다.

이렇게 해서 학장실에서 교무처 관계자들이 참석한 가운데 이 학생의 증언이 이루어졌고 결국 얼마를 버티다가 미국인은 다른 학교로 가버리게 되었다. 부정 척결의 일을 하느니 차라리 연애를 하라고 내게 권고하였던 교수는 후에 승승장구하여 대학에서 최고의 자리까지 올라갔다. 불의와 맞서서 고군분투한 나는 오히려 주위를 소란하게 하고 인화를 해친 사람으로 낙인이 찍힌 반면에 그 남자교수는 적당히 대처하여 출세를 한 '처세술의 달인' 중에서도 대표 격이라고 할 수 있다.

부끄러운 일이지만 아주 오래전부터 학과에서는 연구비 명목으로 출판사로부터 교양영어 교재채택료를 받아오는 일이 있었다. 내가 처음 학교에 발령을 받았을 때부터 관례적으로 받아 왔는데 이것이 주변 학과 교수나 학교 당국으로부터 비난을 받는다는 것을 나중에 알게 되었다. 뿐만 아니라 새로 미국에서 온 젊은 교수들이 어느 해인가 이 채택료 수령을 거부하고 조교에게 주는 사례도 있어서 어떻게든지 해결을 해야 되겠다고 생각했다. 학과회의를 열어서 채택료 대신 학생 장학금으로 출판사로부터 협찬을 받아야겠다고 제의를 하였는데 젊은 교수들은 좋다고 하였으나 몇몇 나이 든 교수들은 '관행'인데 그대로 받자고 하였다. 간신히 설득하여서 협의를 보았는데 이번에는 출판사에서 장학금으로는 주지 못하겠다고 버텼다. 결국 우리는 채택료 자체를 포기하기로 하고 이웃 영어교육학과에 알렸더니 "당신도 여지껏 받아 놓고 이제 와서 깨끗한 척 하느냐?"고 시비를 걸었다. "과거에 잘못하였다고 계속 잘못해야 하나요?"라고 나도 응수하였다.

 놀라운 것은 한때 채택료 받기를 거부하여 나를 감격시켰던 한 젊은 남자 교수가 "교재 선택에는 리베이트라는 것이 있는 거예요"라고 갑자기 말을 바꾸었는데 혹시 남자들끼리 단합을 한 것이나 아닌지 의심이 되었다. 그러나 얼마 안 있어 시내 어느 대학 교수가 채택료로 구속되는 일이 신문 지상에 기사로 크게 나게 되었다. 학교 본부에서는 미리 잘 없애서 학교의 명예를 실추시키지 않게 되었다고 개인적으로 내게 치하하였다.

그러나 이런 치하의 말은 의례적인 말이라는 것이 증명되는 일이 곧 생겼다. 학교에서 보직 인사이동이 있었는데 채택료를 없애는데 반대했던 남자 교수들이 대거 학장과 도서관장 등 보직을 차지하는 일이 생겼다. "물이 너무 맑으면 물고기가 살지 못해요"라고 당시 대학원장이었던 분이 내게 말한 것이 생각이 났다. 나도 사람이니 깨끗하다고 단언할 수 있을까, 단지 해서는 안 될 일은 막아야 하겠기에 나선 것뿐이고, 이 일의 추진이 남자 교수가 아니라 그들이 동등하다고 인정하기 싫은 여자 교수에 의해서 진행되었기 때문에 같잖게 여기는 분위기는 아니었는지? 결론적으로 나는 '처세의 달인'과는 거리가 먼 사람이라는 것만은 틀림없는 사실이나 후회는 없다.

성 모독

"우리 과에서는 여 교수가 꼭 필요합니다. 여 교수가 회식 때 술도 따라주면 팁 값도 절약되니까요."

이 말은 아주 오래전 영문과 교수를 공채하는 면담 장소에서 한 남자 교수가 나를 추천하면서 농담조로 한 말이었다. 이 말에 모두 박장대소를 하였으며 인사위원회의 딱딱한 분위기는 대번 부드럽게 변하여 제법 사적인 농담도 오가게 되었다. 여성에 대한 '성희롱'의 행동이나 발언이 직장에서 금기사항이 되고 있는 요즘에는 당장 이 발언은 심각한 '여성모독' 내지 '성희롱'죄로 징계감이 될 일이었으나 당시에는 아무도 이런 생각을 하는 사람은 없었다. 오히려 당사자인 나도 다른 인사위원이 웃는 대로 웃었을 뿐만 아니라 마음속으로는 나를 도와주려고 한 말이라고 생각이 되어서 눈물나게 고마운 마음까지 들었다. 왜냐하면 지금도 그렇거니와 당시에도 여 교수를 뽑지 않으려는 분위기가 팽배하였기 때문이었다.

  당시 봉직하던 대학이 수원으로 옮겨져서 도저히 서울에서 그 멀리까지 출퇴근하기가 어려웠던 때였다. 할 수만 있다면 서울 시내에 위치하고 있는 대학으로 옮기고 싶었으나 그리 쉬운 것이 아니었다. 당시 신문에 공채광고를 내었던 대부분의 대학들이 기왕이면 남자 교수를 선호하였기 때문이었다. 과연 그 교수의 발언이 직효하였던지 나는 무난히 인터뷰에서 통과하여 이후 평생직장으로 근무하여 왔다. 이런 친화적인 분위기로 인하여 그 이후 학교에 근무하면서 같은 과의 교수들 간에 친밀한 분위기가 조성되어서 학교에서 보내는 시간이 그렇게 힘들지가 않았다.

  그러나 이렇게 여성에 대한 그릇된 인식을 가지고 출발한 학교 분위기는 다른 곳에서와 마찬가지로 많은 문제점을 야기시켰다. 학과 회식 때 여교수에게 강제로 술 권하기, 교수 연수회 오락시간에 여 교수의 손을 잡고 강제로 춤추자고 하기, 심지어는 회식 자리에서 어느 여자 교수가 말을 걸자 "못생긴 여자는 빠져요"라고 공공연히 모욕을 주는 일도 있었다. 이 말을 무리들 앞에서 서슴없이 말한 남자 교수는 평소 독설로도 유명하거니와 남에게서는 옳은 행동을 요구하면서도 자신은 엉망으로 말하고 행동하는 사람이었다. 그는 평소 "능력이 모자라는 여자는 참아줄 수 있지만 못생긴 여자는 못 참아 준다"는 식으로 떠벌이는 사람이었다.

  그의 이런 발언의 근저에는 여성을 지배해야 한다는 사회 전반에 널리 퍼져 있는 남성우위의 의식구조가 자리 잡고 있었다. 여성에 대한 성적 모욕 언동은 으레 회식자리에서 일어났는데 한 사람이 농담을 하면 주위의 다른 남자 교수들도 자제는커녕 재미있다는 듯이 폭소를 터뜨리고 부추기는 식이었다. 그러나 여기에 못지않게 여성 교수 자신의 의식에도 문제가 있었다. 이런 얘기를 듣는 여 교수 자신들이 여성 모독이라고 항의하기는커녕 불쾌하여도 속으로 참는 것을 미덕으로 알았던 때였다. 언젠가 나는 남자 교수들의 언행이 도가 지나치다고 생각하여서 다른 여 교수들에게 공동 대응하자고 한 적이 있었다. 그러자 그 여 교수는 은퇴할 때까지 같이 있어야 하는데 남자 교수들 마음을 거슬리기가 싫다는 대답으로 거절하였다.

나의 의견은 그 반대였다. 정년 때까지 짧지 않은 세월을 같은 직장에서 근무해야 할 것이기 때문에 남자 교수들의 잘못된 의식구조와 태도를 고쳐놓아야 한다는 것이 내 주장이었다. 가끔 나는 개인적으로 남자교수의 지나친 언행에 대해 따지거나 언쟁을 벌인 적도 있었다. 그렇기 때문에 나는 대학에서 가장 인기가 없는 여 교수였다. 회식 때에도 내 옆자리에는 얌전한 남자 교수만이 조심스럽게 앉게 되었다.

내가 알고 있는 주변의 어느 대학 회식 석상에서 남자 교수가 자신이 권하는 술잔을 받지 않는다고 하여 한 여 교수 머리 위에 술을 부은 사건이 일어났다. 아무리 취중이었다고는 하나 주위에 있었던 다른 교수들도 경악하였지만 해당 여 교수도 노발대발하여 학교 징

계위원회에 회부하겠다고 하였다. 주위 사람들이 중재를 하여 겨우 사과하는 선에서 마무리가 지어졌다는 소문이 후에 들렸다. 당시 그 여 교수는 남자 교수의 만행을 용서할 마음이 추호도 없었으나 만약 자기로 인하여 남자 교수가 처벌을 받는다면 자기가 은퇴할 때까지 다른 남자 교수들의 눈총을 의식하며 학교에 근무할 수가 없어서 화해하였다고 하였다. 이 사건은 '여성에 대한 성희롱'이 정식 사회 문제로 제기되지 않았을 80년대의 일이었기 때문에 지금 생각해 보면 격세지감이 있다.

남자들이 여성을 모독하는 말 중에는 여성의 생김새를 가지고 모욕하는 경우가 많다. 여성들은 남자의 생김새를 가지고 모욕을 주지 않는데 여성의 생김새를 가지고 타박하는 남자일수록 자기 자신은 추남인 경우가 많은 것도 아이러니컬하다. 그러나 서방에서는 경우가 달라서 여성에 대한 모욕을 한 경우에 상당한 중징계를 낭하는 예가 많다.

2005년경 유럽 최대 규모의 스위스 은행 UBS에서 상관이 여러 사람들이 듣는 앞에서 로라 주벌레커(44)라는 여성을 '늙고 못생긴 여자'라고 모욕한데 대해서 미국 뉴욕 법원은 배상금 910만 달러와 징벌적 보상금 2,010만 달러를 합쳐서 모두 2,930만달러(약 300억원)에 달하는 벌금을 물라는 판결을 내렸다는 소식이 있다. 이 소송은 성차별을 이유로 한 명에게 제기된 소송으로는 최대 규모라고 하며 여성에 대한 성차별과 성적 보복에 관해 모두 인정한 것이라고 한다.

　많은 회사에서 여성을 뽑을 때 같은 조건이면 용모가 아름다운 사람을 선호하는 예는 공공연한 비밀이 되었다. 아마도 인사위원들이 남성으로 구성되어 있기 때문일까, 여성 TV 앵커들은 하나같이 탤런트를 뺨치는 미인들이다. 스튜어디스, 관광열차 안내양이나 회사의 직원 채용 시 여성의 키가 얼마 이상이어야 한다는 기준까지 두는 곳들이 얼마든지 있다. 그러나 남자들의 키가 얼마 이상이어야 한다고 규정을 둔 곳은 별로 없는 것 같다.

　여성의 외모를 채용에서 중요시하는 현상은 남성의 지배가 두드러진 북한에서도 더욱 뚜렷하게 볼 수 있다. 그 예로 정치적으로 출세한 여성들이 하나같이 인물이 출중하게 잘 생긴 것을 보아도 남성 위주의 사회에서 기왕이면 용모가 예쁜 여성을 선호하는 분위기를 잘 나타낸 처사라고 할 수 있다. 이북에서 한때 여성의 대표였던 여연경씨(고 여운영씨의 딸)나 박현숙 장관들이 하나같이 단정한 용모를 지녔었다.

　내가 대학 공채에 선발되었을 때 타 대학 어느 여자 선배가 축하한다고 하면서 대뜸 "기왕이면 미인이니까 뽑았겠지"라고 혼잣말처럼 말했는데(사실 나는 미인이라고 할 수 없는데도) 나는 속으로 서운하였다. 이러한 추세는 알게 모르게 계속되어서 은퇴 몇 년 전에 신입생들 앞에서 젊은 남자과장이 교수를 소개할 때 어느 여자 교수는 '영문과의 어머니'라고 하더니 나에 대해서는 "지금 나이에도 여전히 미모를 간직하고 계신 분이다"라고 소개를 하였다. 신입생에게 소개를 하려면 해당 교수가 맡고 있는 과목 설명을 해야 할 터인데 예를 들어서 내가 노력하여 학교에 들여 놓은 최신 음향분석기인 스펙트로그라프나 열의를 다해 연구한 나의 〈북한 방언 연구〉에 대해서 소개는 하지 않고 외모에 대한 이야기를 한 것은 마치 할 얘기는 외모뿐이라는 오해도 받을 수 있어 불쾌하였다. 그는 과장 임기 2년 동안 내리 이 소리만 하였는데 왜 학문적인 소개는 하지 않고 그런 말을 하였느냐고 나는 핀잔을 주고 싶었으나 그렇게 하지는 않았다.

 우리가 가지고 있는 잘못된 통념중의 하나는 실력 있는 여자 교수라고 하면 무조건 외모에는 관심이 없어서 줄이 나간 스타킹을 신거나 머리는 손질하지 않아 산만하고 옷은 매일 같은 옷만 입고 다니는 사람이라는 선입견을 가지고 있는 경우이다. 기왕이면 단정한 외모를 선호하면서도 미인들은 추녀보다 실력이 모자란다고 판단하는 것도 여성에 대한 그릇된 인식이다. 분명히 공언하건대 아름다운 것, 깨끗한 것, 기분 좋은 것 등은 공짜로 생기는 것이 아니라 부단한 노력과 부지런함으로 이루어진다는 것이다. 아무렇게나 옷을 입고 다니고 머리가 부스스한 것은 본인이 게을러서 그런 것이지 실력이 있어서 그런 것은 아니다. 마음만 먹으면 어느 틈에라도 자신을 최소한도로 가꿀 수 있다. 학문을 연구하는 것이나 가사 일을 하는 것이나 자신의 외모를 단정하게 하는 것은 모두가 부지런한 사람들이 하는 일이다. 옛 말에도 '한 가지를 잘하는 사람은 열

가지를 잘한다'고 하지 않았던가?

요즘은 직장에서 성희롱 예방을 위하여 남자 사원들에게 특별교육까지 시키는 회사들의 수가 늘어가고 있다. 또 성희롱이라고 판단될 때는 가차 없이 남자사원들은 처벌을 받게 되어 있다. 몇 년 전 어느 부장 판사가 회식자리에서 옆자리에 배석한 기혼녀인 여자 배석 판사의 허벅지를 만지고 어깨를 감싸 안는 행동을 하였다고 해서 물의를 빚은 것이 신문에 보도되었다. 이 행동으로 인하여 부장 판사는 배석 판사와 그 남편에게 사과를 하고 사표를 제출하였다고 한다.

그 며칠 후 부장 판사는 변호사 개업을 하고 서울 변호사협회에 가입신청을 하였다는데 보통 같으면 자동적으로 가입이 인정되어 변호사 개업이 이루어지지만 이 경우에는 그의 부적절한 행위 때문에 심의가 있을 것이라고 하였다. 그리고 며칠 후 이 전직 부장 판사는 변호사협회 회원으로서의 자격심의 결과 통과되어 서울에서 개업을 할 수 있게 되었다는 뉴스 보도가 있었다. 변호사협회 회원 가입으로 그 부장판사의 여성에 대한 부적절한 행위가 용서된 것일까?

아마도 그는 지방법원에 더 있어봐야 대법관이 될 자신이 없던 차에 배석 여성 판사에 대한 성희롱이 문제가 되자 기회가 왔다는 듯이 사표를 냈을 것이다. 판사가 더구나 부장 판사로 있던 사람이 변호사를 개업하면 전관예우도 받아서 수입 면에서 훨씬 나을 것이다. 그는 이 점도 노렸을 것이다.

  그렇다고 문제 해결이 다 된 것은 아니다. 다른 무엇보다도 자기 부인도 이런 사실을 알았을 터이니 부인으로부터 받을 냉대는 그에게는 충분한 고통이 될 것이다. 여기에 덧붙여서 그가 가는 곳마다 주위의 입과 입을 통해서 그도 모르게 전해질 그의 성희롱 전력 역시 그가 치러야 할 또 하나의 죄과일 것이다. 직장에서 성희롱을 당해도 마치 자기의 잘못인양 쉬쉬하던 예전에 비하면 우리나라 양성 평등 의식도 꽤 발전한 셈이나 앞으로도 모든 직장에서 지켜져야 할 의식이어야 한다.

TV 없이 살기

언젠가 해외 기사에서 미국의 사라 본지오르니라는 여성이 '중국산 없이 살아보기'를 결행한 적이 있었다는 것을 읽은 적이 있다. 이미 오래 전부터 세계 시장의 모든 농산품과 공산품 등을 판매하는 소비시장들이 중국산에 의존하고 있다는 것은 자타가 공인하는 일인데 갑자기 중국산을 물리친다는 것은 위험천만한 발상이며 그 결과가 어떠리라는 것은 짐작할 만한 일이다.

과연 그녀는 일 년 간을 중국산 없이 살아가기 위하여 피나는 노력을 하였다. 값싼 중국산을 피하기 위하여 그녀는 2배 3배의 가격을 주고 미국산 장난감을 사면서 할로윈 크리스마스는 중국을 위한 미국의 축제라는 것을 깨닫게 되었으며 겨우 일 년을 버틴 끝에 "중국제 없이 살아가려 애쓰는 것은 행복을 바람에 날려 보내는 것과 같다"는 결론은 얻었으며 더 이상 중국제 없이 살아가기를 포기하였다고 한다.

 마찬가지로 나는 우리 생활의 폭군처럼 군림하고 있으며 하루도 이것 없이는 거의 살 재미를 잃어버리는 'TV 없는 생활을 살 수 있을까?'를 실험해 보는 계기가 생기게 되었다. 겨우 저녁에만 보는 TV가 어느 날 연속 사극 방송을 앞둔 몇 분 전에 그만 고장이 나 버리는 불행한 일이 일어났다. LCD가 한창 주가를 올리던 때 거금을 주고 산 TV가 불과 3년여 만에 갑자기 화면이 나가버리다니. 아, 오늘 연속극은 못 보겠구나! 눈앞이 캄캄하였다. 케이블 TV에서는 내일에나 와서 고장을 수리할 수 있다고 하였다. 그날 저녁은 아무것도 할 것이 없어서 그냥 일찍 자고 말았다. 그 덕분에 이튿날은 일찍 일어나서 일을 시작할 수 있어서 좋았다. 속담에 "일찍 일어나는 새가 먹이를 더 많이 얻을 수 있다"고 하지 않았던가?

 그러나 고장은 케이블 쪽이 아니라 TV 자체에서 나 버렸다. 삼성전자 측에서 온 기사의 진단 결과는 패널 자체를 갈아야 하고 그 값은 일이십만 원에서 해결되는 것이 아니었다. 그렇다고 수리를 아니할 수도 없고 더더구나 수리비가 아깝다고 새로 TV를 살 수도 없었다. 몇 번의 실랑이 끝에 수리비를 조정하였다.

 그러나 문제는 서비스사에서 부속품을 당장 가져올 수가 없고 며칠 기다려야 한다는 것이다. 아, 어쩐다? TV가 없는 밤이란 생각해 본 적이 없다. 두뇌활동은 우리의 인지저하를 막아 주지만 텔레비전 시청은 오히려 치매 발생을 10% 증가시킨다는 주장이 있다. 그렇지 않아도 나는 아침이나 낮에는 TV를 보지 않고 운동하고 들어와서 겨우 몇 시간을 보는 것뿐인데도 앞으로 며칠을 어떻게 지내나 걱정이 되었다.

첫날은 운동을 끝내고 헬스클럽에서 뉴스를 시청하였다. 불 꺼진 집에 혼자 들어가는 것, 그래도 오로지 TV가 나를 반겨주며 소리를 내고 음악도 들려주었는데 이제 영 집에 들어갈 마음이 생기지 않았다. 이럴 때 술을 마시면 어떨까? 안 되지. 위산과다여서 술을 마셨다가는 며칠을 고생하게 된다. 그럼 담배? 그것도 기관지가 약해서 안 된다. 아, 재미없는 사람, 영 상종할 위인이 못 되는구나!

나는 왜 남자들이 저녁시간에 홀짝홀짝 밖에서 술을 마시는지 심정을 알 것도 같았다. 집 안에 마음에 맞지 않는 호랑이 마누라가 있거나 아니면 처자식을 외국에 보낸 기러기 아빠들이 그런 심정일 것 같았다. 다행히 서비스사에서 며칠간 텔레비전을 빌려준다고 작은 것을 설치해 주었다. 집에 TV를 설치해 준 날, 나는 웬지 마음이 푸근하였다. 그날도 결국 집에는 일찍 들어가지는 않았지만 마치 가출한 자식을 집에 찾아다 놓은 부모의 심정처럼 든든한 무엇이 내 마음에 도사리고 있었다.

저녁 늦게 귀가하여 나는 소파에 비스듬히 누워서 반은 자면서 TV 소리를 들으며 코를 골았다. 마치 TV가 주도하는 디지털 매체의 파도에 몸을 맡긴 채 안도의 숨을 내쉬는 것 같았다. '자아를 찾아라' 아무리 떠들어도 나의 일상은 겨우 이런 것인가!

영단 주택

내가 결혼하던 1960년은 우리나라 경제상태가 아직도 전쟁의 상처가 가시지 않은 너무나 가난하던 시절이었다. 남편과 결혼하면서 어찌어찌하여 그래도 셋방은 면하자고 수유리에 새로 들어선 19평짜리 영단주택을 마련하였다. 지금의 눈부시게 발전된 수유리와는 너무도 달라서 수유리 종점 가까이 제일 장미원 건너편에 빈 밭이 있었는데 여기에 주택공사에서 영단주택 22채만을 덩그렇게 지었다.

물론 전기도 없어서 밤에만 영단주택 측에서 10시까지 전기불만을 켜도록 발전기를 돌려주는데 한 집에 한 방만 불을 켜야지 만약 두 방에 불을 켜도 영단주택 직원이 대문을 두드리며 발전기가 과부화로 뜨거워 오니까 빨리 끄라고 잔소리를 하였다. 물론 시내에서 수유리로 왕래하는 버스도 없었고 단지 돈암동 종점에서 9명이 정원인 합승차가 있었는데 항상 정원보다 많은 수가 타게 되었다. 그럴 수밖에 없는 것이 언제 다음 합승차가 올지 모르기 때문에 무리를 해서라도 억지로 몸을 구겨서 차 안에 집어넣어야 했다. 차 안에 타서도 고개가 차 천장에 닿지 않도록 숙이고 차 안에서 흔들리며 목적지까지 서서 가야 하는 것은 고역이었다. 밤 10시가 넘으면 합승마저 끊어지게 되는데 그렇게 되면 인근 여관에서 잘 각오를 해야 했다.

물론 전화도 없었고 집에 수돗물도 들어오지 않았다. 영단주택 측에서 바로 우리 집 담 밖의 길에 공동으로 먹도록 우물을 파서 펌프를 놓아 주었다. 22채의 사람들이 바께스나 들통으로 펌프의 물을 길어서 부엌에 있는 항아리에 부어놓고 써야만 했다. 물론 당시에 서울 시내에는 수돗물이 있었고 목욕탕에 수돗물이 나오는 집도 많았다. 물을 길어 먹는 일은 처음은 아니어서 피난 가서 동래에 있는 초가집 문간방에 세를 들어 살 때에도 큰길을 건너서 우물물을 길어 먹어야 했다.

당시 수입자재인 나왕으로 지은 영단주택은 벽 속에 열 차단 비닐을 넣지 않았고 창문도 알루미늄으로 된 이중 새시도 아니어서 바람이 창문 틈바구니로 마음대로 드나들었다. 겨울에는 인근 북쪽 산으로부터 불어치는 바람소리가 요란했고 방 안에는 차디찬 위풍이 그대로 불어치는 듯했다. 이런 곳에서 나는 결혼한 지 한 달반 만에 남편이 미국에 박사 논문을 쓰러 가는 바람에 10개월을 혼자 남아서 추운 겨울을 홀로 보내야 했다. 하도 불편하고 황량한 곳이라 빈집으로 놓아두고 친정에 가 있으려고 하였으나 집을 비워두면 인근 사람들이 문짝을 떼어 가기 때문에 누구라도 지켜 줄 사람이 있어야 했다. 공짜로 빌려 준다고 하여도 아무도 와서 지내려는 사람이 없었다. 나는 추운 겨울 북한산에서 불어치는 윙윙거리는 바람 소리를 두 손으로 막으며 춥고 쓸쓸한 겨울을 버텨내야 했다.

겨울은 이렇듯 황량하기 그지없어도 봄이 오면 주변 상황은 180도로 달랐다. 주변의 나무들이 파릇파릇 움을 틔울 무렵에 나는 동네 주부들과 함께 장미화원이나 묘목 시험장으로 꽃나무 묘목을 사러 갔다. 집 건물은 보잘것 없어도 마당만은 넓어서 근 100평이나 되어서 마당에 나무를 심고 꽃나무 가꾸는 재미가 있었다. 시내에 나가려면 합승을 기다리고 교통 전쟁을 치러야 하기 때문에 주부들은 아예 시내와 고립되어 동네 사람들과 친밀하게 지내게 되었으며 경쟁적으로 마당을 가꾸는 것이 서로의 취미가 되었다. 마당 가꾸기에 열중하다 보니 유난히 얇은 얼굴의 피부는 새까맣게 햇빛에 타게 되었다. 언젠가 시내에서 영문과 동창을 우연히 길에서 만나게 되었는데 그 친구 말이 "너 농사 짓니? 왜 그렇게 까맣게 탔니?"하고 묻는 바람에 나는 얼굴이 새빨개지며 슬그머니 까맣게 탄 손등을 뒤로 감췄다.

나는 이곳에서 장미 가꾸기와 꽃나무에 대해서 알게 되었다. 특히 장미 중에서는 5월 중순에 담장에 줄줄이 피는 스칼렛 클라이머와 정원에 피는 슈퍼스타, 해피네스, 퀸 엘리자베스 같은 장미를 좋아하게 되었다. 그리고 이른 봄 개나리가 진후에 가지마다 마치 동양수를 놓은 듯 진홍빛으로 다닥다닥 피는 홍도화가 일품이었고 분홍색의 겹 벚꽃도 아름다웠다. 아침저녁 바람결에 은은한 향내를 풍기는 흰색과 보라색의 라일락 역시 봄을 노래하는 꽃나무들의 코러스에서 빼놓을 수 없는 존재였다. 시대의 흐름에 따라서 아파트로 이사 온 후에도 나는 베란다에 꽃 화분을 계속해서 가꾸게 되었다.

'무식이 용기를 준다'고 이렇게 불편한 곳에 살면서도 우리는 수유리로 남편 학교의 미국인 고문관들 부부를 초대해서 집을 구경시켜 주었고 남편의 미국 대학의 지도 교수도 초대해서 식사를 대접하였다. 그들은 이상한 시골풍의 미개한 집일망정 용기있게 초대해준 것에 감탄하는 것 같았다.

이곳에서 첫아들이 태어났다. 아이가 태어나고 처음으로 맞이한 겨울은 유난히 추웠다. 어느 날 밤 아이가 밤에 자다가 느닷없이 깨어나서 심하게 울었다. 어디 아픈 것 같지도 않고 아무리 안아주어도 울었다. 나중에 궁리하다 못해서 아기를 자리에 눕히고 그 주위로 두꺼운 솜이불을 둥그렇게 둑을 쌓듯이 막아 놓았다. 그리고 그 위 공간에는 얇은 기저귀천으로 덮어서 아늑하게 만들어 주었다. 사정없이 불어치는 바람소리가 들리지 않아서인지 아이는 울지 않고 곤하게 잠이 들었다. 그날 이후 나는 밤이면 아기 둘레에 솜이불을 둑처럼 쌓아 놓았고 아기는 쌔근쌔근 잠을 잘 자게 되었다. 경험이 적은 젊은 엄마라서 어른은 참을 수 있어도 아기는 찬바람을 견딜 수 없다는 것을 미처 알지 못했다.

수유리에 산 지 일 년이 지나자 곧 시내버스가 개통되었고 한전에서 전기도 전봇대를 타고 직접 집으로 공급되었다. 우리는 이곳에서 7년을 살다 한남동 옆 보광동이라는 한강이 내려다보이는 동네에 터를 사서 슬라브 지붕의 이층 벽돌집을 지어서 이사를 갔다. 물론 난방은 중앙난방식 보일러를 놓았고 수세식 화장실을 두 개나 지었는데 그 당시로서는 흔치 않은 일이었다.

여기서 7년을 살다가 마침내 개인 주택 생활을 마감하고 여의도에 있는 아파트로 와서 지금까지 한 집에서 40년을 살고 있다. 아파트가 편리하긴 해도 가끔 넓은 정원에서 꽃을 가꾸던 시절이 그리움처럼 밀려오는 때가 있다. 그때는 경제적으로 가난하였고 살림 사는 것이 불편하였지만 그래도 젊음이 있어서 우리는 미지의 탐험자처럼 고생스러움을 느끼지 않고 아이들을 책임지며 용감하게 살아온 것이다.

옛집은 간 곳 없고 번지만 남았구나

　나는 부산에 가끔 갈 때마다 옛날 피난 시절에 다녔던 중학교 친구들을 만나곤 한다. 그들은 내가 가기만 하면 환대를 해주고 우리의 우정은 정말 오래된 장맛 같다. 이번에도 경주에서 열리는 영문학회에 참석차 갔다가 하루 틈내어 부산 동래로 친구들을 만나러 갔다. 우리는 해운대 바다가 보이는 방에 자리를 잡고 탁 트인 바다를 바라보며 싱싱한 자연산 회를 매취 순에 곁들여 들면서 끝없이 옛 이야기와 또 요즘 이야기로 시간 가는 줄 몰랐다.
　그리고 돌아오는 길에 우리 가족이 피난시절 세 들어 살았던 동래 칠산동 초가집을 찾았다. 골목은 그 옛날과 같이 좁디좁았고 그때 길어 먹던 그 우물 그대로였으나 옛집은 온데간데 없고 그 자리엔 어설픈 양옥이 들어서 있었다. 그러나 옛집은 없으되 옛 주소는 그대로 칠산동 300번지의 3호였다. 문을 두드리면 옛날 살았던 그 사람들이 있을까, 혹은 그 자손들이 있을까, 혹 그들의 소식을 알 수 나 있을까? 문득 문을 두드려 보고 싶은 충동을 받았다.

누구나 사람에게는 일생 중 가장 순수하고 때 묻지 않은 시절이 있기 마련이다. 그 시절이 어느 때였느냐고 누가 묻는다면 내게는 1.4후퇴 때 피난 가서 동래 칠산동 오두막집에 세 들어 살던 14살적 중학교 시절이라고 말하고 싶다. 1.4 후퇴시 부산 대신동에 도착한 우리 가족은 서울 등지에서 피난 온 사람들로 인해서 방 얻기가 힘들어 우리 식구는 당장 길에 나 앉을 판이었다.

그때 어머니는 대신동에서 좀 떨어진 동래까지 가서 방을 구하게 되었는데 마침 길에서 극적으로 우리가 세 들어 살게 된 집의 여주인을 우연히 만나게 되어서 그 집의 문간방으로 이사 오게 되었다. 그 집은 초가집으로 대문을 들어서면 바로 문간에 위치하고 있는 방 두 개를 세 들었는데 하나는 문간에서 불을 때서 덮일 수 있는 방이고 또 하나는 불도 땔 수 없는 창고 같은 방이었다. 불을 땔 수 있는 방은 둥그런 알전구나마 킬 수가 있었으나 창고 방은 전기를 킬 수 있는 시설이 되어 있지 않아서 촛불을 켜야 했다. 이 두 방에 어머니, 아버지, 그리고 언니와 남동생과 나, 이렇게 다섯 식구가 지냈는데 추운 겨울에는 불 안 때는 방에는 기거하기가 힘들었다. 나는 가끔 식구들로 비좁은 큰방을 피해서 이 골방에서 이불을 쓰고 잘 때가 있었는데, 바람이 심하게 불어오는 밤이면 당시 단체로 남하하여 동래 여중고 교사 운동장 천막 속에 머물고 있었던 국민 병들이 찬바람을 견디다 못해서 "아이구 추워, 어머니…… 배고파아!" 하고 외치던 수많은 청년병들의 절규가 바람결에 들려오곤 했다. 나는 그 때마다 내 자신도 추위에 진저리를 치며 잠들었던 기억이 난다.

원래 칠산동은 동래에서도 지대가 좀 높아서 수도가 들어오지 않아 우물물을 먹어야 했다. 당시에는 집집마다 우물이 있었으나 수질이 나빠 허드렛물로만 사용하였으며 먹는 물은 우리 집에서 꽤 떨어진 공동 우물로 가서 길어와야 했다. 당시 나는 들통을 들고 우물물을 길었는데 서툴러서 집에 도착하여 항아리에 물을 부을라치면 한쪽 신은 엎지른 물로 흠씬 젖었고 들통에는 겨우 반밖에 물이 남아 있지 않았다.

중학교 입학하던 해 겨울에 피난 와서 몇 달이 지나도록 미처 나를 인근 중학교에 피난 학생으로라도 편입시킬 생각을 할 여유도 없었던 것 같다. 집 근처에는 사립 명문학교인 동래 여중고가 있었는데 가끔 내가 물을 길러 골목을 나가 큰 길을 가로 지를 때 교복을 입고 지나가는 동래여중 학생들을 볼 때가 있었다. 나는 얼른 내 모습이 그들의 눈에 띠지 않게 골목에 숨어서 그들이 다 지나가서 주위에 아무도 보이지 않을 때까지 기다렸다가 골목을 건넜다. 그때 나의 눈에는 교복을 입고 재잘거리며 지나가는 그 학생들이 그렇게 부러울 수가 없었으며 마치 행복한 소공녀처럼 보였다. 상대적으로 학교도 다닐 수 없는 내 처지는 마치 소공녀에서 추락한 부엌데기 신세처럼 처량하게 느껴졌다.

    세브란스 외과의사직을 그만두시고 의원을 개업하고 계셨던 아버지는 일사 후퇴시 피난오자 칠산동 초가집 대문에 두꺼운 마분지 위에 〈강 외과의원〉이라고 써 붙이고 찾아오는 환자를 돌보았다. 요새 말로 하면 세금도 내지 않는 불법 영업이겠으나 그 당시는 전쟁의 와중이라 아무도 뭐라고 하지 않았다. 어느 날 지나가던 두 여자 분들이 대문에 써 붙인 종이를 보며, "얘, 이건 아주 종이쪽지에 써 붙였네" 하고 비아냥거리는 듯한 소리가 들려왔다. 그 소리는 문간방에서 책을 읽던 내 귀에도 선명하게 들려왔는데 나는 어린 마음에도 수치심과 모멸감에 얼굴이 붉어 왔다.

    그해 12월에 피난 와서 새해를 보내고 한 학년이 마감하는 2월에야 아버지는 부랴부랴 나를 인근 동래 여중에 피난 학생으로 편입시키기로 하였다. 그렇지 않으면 나는 영락없이 일학년으로 다시 들어가야 하니까 한 학년을 낙제하게 되기 때문이었다.

    당시 동래 여중 교사는 군에게 징발 당하고 학교는 동래시장 근처 수안 교회 마당에 천막을 치고 수업을 하였다. 아버지는 나를 데리고 천막교장실로 가서 우선 인사를 한 후 피난 학생으로 일학년에 편입시켜 줄 것을 부탁하였다. 그러나 교장 선생은 일년이 다 가는 마지막 달에 편입한다는 것은 말도 되지 않는다고 한마디로 거절하였다. 지금 입학시킨다 해도 근 일년을 놀았으니까 도저히 학과를 따라가지 못 할 터이니 차라리 두 달 후 새 학기에 일학년으로 들어오면 받아 주겠다고 하였다. 말하자면 한 학년을 낙제하는 격이 된다는 것에 나는 아찔한 기분이 되었다. 아버지는 나의 마음을 알기라도 하듯 집요하게 낙제해도 좋으니 받아만 달라고 하였다.

그 당시 강직하기로 소문이 나있던 교장 선생님은 구두도 신지 못하고 고무신을 신고 온 아버지의 초라한 행색을 아래위로 훑어보며, "무슨 질을 하십니까?(직업이 무엇이냐는 질문)"라고 물었다. "의사입니다"라는 아버지의 대답에 비로소 앉으라고 의자를 권하더니 분위기는 당장 부드러워졌다. 결국은 낙제를 해도 좋다는 약속을 하고 나는 간신히 학교에 일학년으로 입학이 허락되었다.

일단 학교에 다니게 된 나는 마치 바싹 마른 화분이 물을 빨아들이듯 왕성한 기운으로 공부를 하였다. 당시 교과서도 없어서 영어 교과서는 친구 것을 빌려 오면 아버지가 노트에 펜글씨로 베껴서 교과서를 대신했다. 그리고 매일 밤 아버지의 영어 지도를 받았는데 아버지가 "This is a book." 하고 한 줄 읽으면 따라서 발음하고 "이것은 책이다"라고 해석해 주는 식이었다. 아버지의 발음은 지금 생각해도 일제 시대에 배운 영어라서 일본식 발음이었다. 그래도 모든 과목 중에서 영어가 제일 재미있었다.

나는 온 식구가 잠든 밤이면 골방에서 촛불을 켜고 영어를 읽고 또 읽고 교과서를 거의 다 외웠다. 그리고 작문도 닥치는 대로 생각나면 지었는데 예를 들어서 "행복은 우리를 기쁘게 한다"는 말을 영어로 번역할 때 행복이라는 단어 앞에 부정관사를 붙여서 "A happiness"라고 하여 웃음거리가 된 적이 있었는데 그 당시 실력으로는 추상 명사가 무엇인지도 몰랐던 때였다. 누구의 지도를 받지도 못하고 혼자서 앞질러서 무지막지하게 영어공부를 했다. 얼마 후 당시 크게 호평을 받았던 《삼위일체》라는 일본 번역판 참고서가 나와서 영어 문법 및 작문을 열심히 공부하게 되었고 곧 이 책은 나의 영어실력의 기본도서가 되었다. 오랜 후에 미국에서 새로운 영문법을 배웠을 때도 한동안은 직접 받아들이지 못하고 《삼위일체》의 어느 부분에 해당하는 문법인가를 비교 확인하고 나서야 비로소 이해가 될 만큼 이 책이 나를 지배한 적이 있었다.

이런 것이 인연이 되었을까? 나는 사실 창작에 관심을 가져서 글 쓰는 일을 하고 싶었는데 국문과를 택하지 않고 영문과에 진학하여 결국은 일생을 영어와 관계되는 일에 종사하게 되었다. 그러나 피난 시절 촛불을 친구삼아 아련히 국민병들의 외침과 바람 소리를 들으며 순수한 마음으로 열심히 공부하던 시절은 다시는 그 후에는 오지 않았다. 그 당시 내가 알던 세계는 무엇이든지 노력만 하면 이룰 수 있을 것 같았고 이 세계의 운명조차도 바꾸어 놓을 수 있다고 생각 되었다. 기필코 나는 좀 색다른 사람, 결단코 평범한 사람이 되게 내버려 두지는 않을 것이라고 굳게 다짐했었다.

당시 서울서 피난 온 우리들을 "서울내기 고르래기"라고 놀리고 질시하던 동래 친구들과는 46년이 지난 오늘에는 끈끈한 친구가 되어 일년에 한번 정도는 만나는 사이가 되었다. 그들은 내가 대학에서 은퇴할 때 동래서 고속버스를 타고 학교 식장에까지 와서 축하를 해주었던 친구들이었다. 꿈도 많고 순수했던 시절의 우리는 46년이 지난 오늘에는 남이 보면 평범한 노년이 되고 있다. 그때의 나의 열의와 무모하기조차 했던 꿈은 어디 갔을까? 촛불 앞에서 수없는 밤들을 영어를 외우고 글을 쓰며 다짐하던 15세 소녀는 어디 갔을까? 이럴 때면 나는 마치 잃어버린 아이를 찾아 나서듯 옛날의 내 자신을 그리워하며 가슴을 앓는다. 그리고 그 흔적을 찾듯 피난 시절에 살던 동래 칠산동 길을 헤맨다.

아무튼 우리는 46년 만에 재회하였고 친구들이 이끄는 대로 당시 왼손 오른손으로 바꾸어가며 물을 길어 먹던 우물을 찾아서 그 앞에서 기념 촬영을 하였다. 그 우물은 이제는 유명한 약수가 되어서 뚜껑까지 만들어 열쇠로 잠기어 있었고 펌프로 받아먹게 되어 있었다.

나는 서울로 와서 찍어온 필름을 인화하였는데 광선이 샜는지 사진이 퇴색해 보여서 마치 몇십 년 전에 찍은 옛날 사진을 보는 것 같았다. 하기야 우리가 세상을 떠난 뒤 먼 훗날 자손들이 이 사진을 본다면 이렇게 보이지 않을까? 웬 할머니들이 우물 앞에서 사진을 찍었을까? 사진 뒤에 담긴 긴 이야기를 그들은 짐작이나 할까?

영화 '잠수종과 나비'

9월은 '찬란한 달'이라고 표현할 수밖에 없다. 그간의 긴 폭우와 그 상처를 일소하듯 오늘 내리 쬐는 이 기막히게 맑은 가을 햇빛, 상쾌한 공기, 그리고 밀려오는 추억과 상념들, 어찌 이 가을을 찬란하지 않다고 말할 수 있겠는가!

특히 이 달에는 뜻 깊은 행사가 있었는데 각당 복지재단(광화문 소재)의 주최로 열린 '웰다잉 영화제'에서 몇 편의 의미 있는 영화를 감상하였다. 각당 복지재단은 지난 2년 동안 내가 등록을 하여 강의를 들었고 웰다잉 자격증을 받은 곳이다. 진작 교육을 받았더라면 남편의 무의식 상태의 투병에 도움이 되었을 터인데 아쉬움을 느끼게 되었다. 죽음은 누구에게나 오는 불가피한 운명이다. 그러나 미리 죽음을 준비하고 생각해온 사람과 그렇지 않은 사람의 삶에는 분명한 차이가 있기 때문이다.

아무리 좋은 영화라도 그 감격은 희미해지기 마련이지만 영화제에서 본 이 '잠수종과 나비'는 지금까지도 내 마음에 큰 깨우침을 주고 있다. 이 영화는 실화를 다룬 이야기로 2008년 미국과 프랑스 합작 영화이다. 프랑스의 유명 패션잡지 엘르의 편집장인 장 도미니크는 지위, 부, 자신감, 가정, 그 위에 공인된 연인까지 거느린 어느 것 하나 부족함이 없는 사나이다. 그런데 어느 날 그는 뇌졸중으로 전신마비인 폐쇄증후군에 걸리게 된다. 보는 것, 듣는 것은 다 정상이나 외부 세계와 소통할 수 있는 것은 오직 왼쪽 눈을 깜박거리는 것뿐, 마치 몸이 소형 잠수기구 속에 갇힌 것 같은 절망적인 상태에 빠진 것이다.

정신은 멀쩡하지만 자기의 의지대로 움직일 수 없다는 절망 상태에서 도미니크는 자살을 시도하기도 한다. 그러나 그는 언어치료사의 도움을 받아서 외부 세계와 소통할 수 있는 길을 얻게 된다. 언어치료사가 알파벳을 사용 빈도수가 높은 순서대로, 이를테면 불어에서는 'e'가 가장 사용 빈도수가 높으니까 'e'부터 순서대로 종이에 써놓은 것을 보이며 하나하나 읽어나가면 도미니크는 눈을 깜박여서 신호한다. 만약 사랑 'amour'를 표현하려면 언어치료사가 'a'라는 철자를 읽을 때 눈을 깜박인다. 다음에 다시 'm'을 읽을 때 눈을 깜박이고 다시 'o'를, 다음에 'u'를… 이런 식으로 마침내 사랑 'amour'가 탄생한다. 이것뿐이랴! 이런 지루한 과정을 거쳐서 단어가 모여 하나의 생각을 나타내는 문장을 만든다.

도미니크는 불굴의 의지로 16개월 동안 20만번 이상 눈을 깜박여서 '잠수종과 나비'라는 그의 책을 탈고한다. 잠수종은 그의 몸이 잠수종에 갇혀 옴짝달싹 못 하는 상태를 표현한 것이고 나비는 꿈과 상상의 세계로 자유로이 날아다니는 나비를 상징한 것이다. 이 책은 1997년에 발간되었고 출간한 지 3일 만에 도미니크는 세상을 하직하여 자유로운 나비가 되어 날아간다.

이 영화를 보면서 두 가지 사실을 생각하게 된다. 첫째는 도미니크가 입원한 병원의 시설이 너무 훌륭하다는 것이다. 이런 시설에서 더구나 훌륭한 언어치료사를 만나지 못했다면 제아무리 내면에 훌륭한 생각을 가지고 있어도 도미니크의 책은 나오지 못했을 것이다. 우리나라의 병원이나 요양 시설과 비교되는데 대개 회복할 수 없는 식물상태 환자나 중환자는 폐기처분을 기다리는 존재로 취급되기 일쑤다.

두 번째로 자기 의지대로는 눈만 깜박이는 것이 가능한 도미니크에 비해서 우리는 얼마나 행복한 존재인가를 깨닫게 되는 것이다. 글이 잘 써지지 않는다고 너무 나이가 들었다고, 기회가 없다고, 주위에서 알아주지 않는다고 흔히들 불평한다. 이런 불평들이 왼쪽 눈꺼풀만 움직일 수 있는 도미니크에 비해서 얼마나 배부른 불평인가! 노력은 하지 않고 이런 불만, 불평들 속에 자기 자신을 가두고 사는 우리야말로 도미니크보다 얼마나 더 큰 장애인인가 하는 충격과 같은 생각에 휩싸이게 된다.

누구의 손을 빌리지 않고도 우리는 생각이 떠오르는 대로 종이 위에 마음먹은 단어를, 글을 쓸 수가 있다. 컴퓨터 자판기에 내 생각을 칠 수가 있다. 잘 쓰고 못 쓰는 것은 그 이후의 문제이다. 여러 번 고치고 또 손을 보면 좋은 글이 될 수 있다. 사지를 마음대로 쓸 수 있고 마음대로 돌아다닐 수 있는 이 행운에 감사하며 이 영화의 감상문을 마친다.

사후의 박수갈채

　우리의 기억에 남아있는 영화중에는 〈더 스팅〉(The Sting, 사기, 1973년)이라는 코미디 범죄영화가 있었다. 경쾌한 스토리 전개와 두 명의 사기꾼인 폴 뉴먼과 로버트 레드포드의 명연기는 정신없이 이 영화에 빠져들게 한다. 두 명의 사기꾼이 반전과 반전을 거듭하며 막강한 마피아 조직의 보스를 통쾌하게 골탕 먹인다는 이야기이다.
　남에게 사기를 치는 것은 분명 나쁜 짓이라는 도덕관념에 젖어 있는 관객에게 이 정도의 사기극은 별로 죄 될 것도 없다는 생각을 이 영화는 순간적으로 하게 만든다. 뿐만 아니라 열심히 주인공들이 벌이는 사기극이 성공하도록 응원하게 하며 가능하다면 스크린 안으로 뛰어들어 사기극의 하수인 노릇을 자청할지도 모를 정도로 열광하게 만들기도 한다.
　무엇보다 이 영화를 이토록 경쾌하고 재미있게 전개시키는데 공헌한 것은 '더 엔터테이너(The Entertainer, 남을 즐겁게 하는 사람)'라는 배경 피아노 음악곡이다. 이 영화의 감독인 조지 로이힐은 어느 날 조카가 우연히 이 피아노곡을 연주하는 것을 듣고 푹 빠지게 되어 이 곡을 영화주제 음악으로 삼았다고 한다. 이 곡은 그해 아카데미 음악상을 받았으며 음악계에 재조명을 받는 계기가 되었다.

그러나 정작 이 피아노곡의 작곡가인 스콧 조플린(Scot Joplin 1867~1917)은 이미 50여년 전에 사망하여 사후의 영광을 안은 셈이다. 사망 당시 조플린은 외롭게 요양원에서 지병인 매독으로 인한 치매로 세상을 떠났으니 사후에 대중들이 그의 음악을 기억하고 우레와 같은 박수갈채를 보낸들 그 소리를 들을 수나 있었을까?

여기서 우리는 두 가지의 유형의 삶을 생각해 볼 수가 있다. 살아생전 자신의 위업을 인정받아 행복하고 유복하게 사는 사람과 생전에 자신의 천재성을 인정받지 못하고 고생 고생하다가 사망한 후에야 그 위업을 인정받아 역사 속에 그 이름을 남기는 사람이다.

전자의 예로는 20세기의 거장 피카소를 들 수가 있다. "가난하게 그림 그리는 사람은 바보"라고 호언할 정도로 피카소는 중년 이후에 그 천재성을 인정받아 부와 명성을 한 손에 거머쥐었었다. 그 반대의 경우는 고흐(Gogh, 1853~1890)와 같은 화가이다. 그는 생전에 재능을 인정받지 못하고 가난과 병마 속에서 지냈었다. 사후 그의 장례식에 참석한 사람들에게 동생이 그림을 공짜로 가져가라고 했는데도 아무도 가져가지 않았다는 일화가 있다. 그때 그림 두어 점만 가져 왔어도 알부자가 되었을 것이다. 최근 약 5천만 달러에 해당하는 고흐의 꽃그림이 이집트에서 도난을 당했다는 뉴스는 충격적이다. 고흐는 생전에 그림이 팔리지 않아 더욱 병마에 시달렸다고 하니 생전의 그와 사후의 그의 가치가 이렇게 차이가 날 수 있을까? 정말 비극이라 아니할 수 없다.

당신이 생전에 그 가치를 인정받는 사람이 되겠느냐 아니면 그 반대가 되겠느냐는 질문을 할 필요가 없다. 누구라도 생전에 노력한 만큼은 인정받기를 원하기 때문이다. 일상적인 분야에서는 일하는 만큼은 야박하게나마 보상을 받으며 살아갈 수는 있다. 그러나 예술 분야나 과학 최첨단 분야나 발명 분야는 그의 생전에 그 가치를 인정받기가 쉽지 않은 것 같다. 그래서 자식이 예술을 하겠다고 하면 부모가 밥 굶는다고 뜯어 말리는 일이 허다하였다. 그것이 이 세상의 공통된 현상이다.

영화 〈스팅〉의 피아노곡 작곡가 스콧 조플린은 1867년(혹은 1868년) 텍사스 주 근교에서 흑인 노동자의 아들로 태어났다. 어릴 때부터 피아노 연주에 재주가 있었던 조플린은 어머니가 가정부로 일하는 백인집의 피아노를 주인이 없을 때만 연습할 수 있도록 허락을 받았다. 후에 부모는 중고 피아노를 사주었으며 이웃에 살고 있던 독일 출신의 음악교사인 줄리어스 와이스가 조플린의 재주를 발견하고 무료로 개인교수를 해주었는데 바로크에서 초기 낭만시대까지의 중요한 레퍼토리를 가르쳤다. 후에 성공한 조플린은 감사의 뜻으로 늙은 옛 선생 와이스에게 가끔 돈을 보내 주었다는 일화도 있다.

조플린은 10대부터는 동부 텍사스주의 술집이나 클럽 등에서 연주를 하였으며 후에 흑인 전문교육기관인 조지 R 스미스대학에 입학하여 정규음악 이론 등을 공부하였다고 한다. 조플린은 1890년대부터 미주리 주 흑인들 간에 유행하였던 '랙스(Rags)' 스타일의 경쾌한 피아노곡을 작곡 연주를 하였는데 그 중에 유명한 곡이 'Maple Leaf Rags'와 'Entertainer' 등이 있다. 당대 유명 음악 출판업자인 존 스타크와 계약을 맺어 그의 피아노곡을 출판하면서 조플린은 명성을 얻기 시작하였다.

그러나 1907년경 뉴욕으로 옮겨 가면서 그의 음악은 경쾌함 대신에 진지함으로 바뀌게 되었는데 이것이 화근이 되었다. 출판업자 와이스는 상업성을 상실하고 있다고 판단하여 조플린과 계약을 끊게 되었다. 조플린은 이에 굴하지 않고 개인 출판사를 열고 자신의 돈으로 뉴욕의 링컨 극장에서 피아노 작품을 발표하였으나 실패로 끝나게 되었다.

가정적으로도 조플린은 첫 번째 부인을 사별하였으며 아기도 사망하였다. 두 번째 부인과 열의를 다하여 음악 출판사를 열고 자비로 피아노곡 발표회를 가졌으나 실패했는데 당연히 재정적인 어려움이 있었을 것이다. 그가 사망할 당시에 요양원에 입원해 있었다고만 알려져 있고 둘째 부인과의 관계는 어떠했는지 알려지지 않고 있다. 인생은 '공수래 공수거'라 하였으니 가난 속에서 태어난 그가 가난 속에서 외롭게 간 것이 자연스럽다고 할 수 있을까? 왜 그는 고생 끝에 겨우 잡은 명성과 부를 간직하지 못하고 무일푼으로 세상을 떠나야 했는가?

나는 매일 아침 디지털 피아노에 녹음된 '세계 명 피아노 50곡'을 듣는데 그 중에는 조플린의 위에서 소개된 피아노 두 곡이 들어 있다. 특히 그의 곡 엔터테이너를 들으면 경쾌한 곡과 그의 비참한 말년 인생이 너무 대조적이어서 잠시 인생의 무상함을 느끼게 한다. 하기야 사후에라도 명성을 얻었으면 '생전의 영광, 사후의 치욕'(역사상 그런 인물들도 있다!)보다는 훨씬 나은 것이 아닐까? 물론 '생전의 영광, 사후에도 영광'만은 못해도.

4장

'내것이 아니다'의 후일담

의식 흐름의 뿌리를 찾아서 '2002년 영국 Scotland에서' 저자는 London 거리를 누비며 자신의 뿌리를 찾고 눈물을 뿌렸다.

느림과 빠름(Slow vs Fast)

추석을 앞둔 며칠간은 시내에 달리는 자동차 소리, 도시의 소음, 그리고 사람들의 발걸음 등이 더 빨라지기 시작했다. '더도 덜도 말고 한가위만 같아라' 라는 말대로 추석에 대한 설렘과 또 추석에 고향에 내려가느라고 겪는 교통 체증, 음식 차리기 등, 명절 스트레스로 인하여 시내는 더욱 빨리 움직이는데 누가 말만 걸었다가는 당장 길 막지 말라는 신경질적인 답을 들을 것 같은 인상이다. 언제부터 우린 뛰면서 살았나? 아마 꽤 오래 된 것 같다.

나는 최근에 기이한 경험을 하였다. 감기가 들면 찾아가는 이비인후과가 있다. 여의도 종합상가 4층에 있는데 오래된 승강기는 더디게 움직인다. 한참 기다렸다 간신히 승강기에 올라서 4층에서 내릴라 치면 벌써 두 젊은 여성이 잽싸게 나를 앞질러서 달려간다. 가는 곳은 바로 닥터 김 이비인후과다. 그렇게 달린 덕분에 두 여성은 내

순서보다 앞이 되고 시간은 약 10분을 번다. 이 병원은 항상 환자로 붐비기 때문에 조금만 뛰어 두 사람만 앞지르면 시간은 훨씬 절약이 된다. 번번이 나는 이 점을 놓쳐 버렸다.

이렇게 두 번을 당하고 나서야 나도 일층에서 승강기를 타면 맨 앞에 서고 4층에서 문이 열리자마자 뒤도 안 보고 뛰었다. 적어도 둔하게 행동하다 남한테 뒤쳐짐을 당하지 않기 위해서이다. 한참을 뛰다가 나는 뒤에 몇 사람이나 따라오나 보기 위해서 뒤를 돌아 보았다. 아차, 그 날은 아무도 내 뒤에 뛰는 사람이 없었고 혼자 뛰고 있었다. 참 맥이 풀렸다. 병원에 들어와도 대기실에 꽉 차있던 환자들이 많지가 않았다. 아마 신종 인플루엔자 때문에 생기는 일시적 공백이 아닐까 생각해 보았다.

한때 나도 꽤 행동이 빠른 사람이라고 생각하였는데 나이가 들면서였는지 항상 뒤쳐지는 생활을 하게 되었다. 행동이 느리다가는 절대로 시내버스는 탈 수 없다. 버스는 사람을 기다리는 법이 없고 조금만 망설여도 그냥 지나쳐 버린다. 며칠 전에도 나는 뛰어서 버스를 탔는데 버스 기사가 나를 태우면서 무어라고 했다. 무슨 소리인가 한참 생각해 보니 "뛰지 마세요" 하는 것 같았다. 아니, 뛰지 않으면 버스고 뭐고 다 탈 수가 없는데 말이다.

그러나 그것은 생각의 차이다. 버스는 놓치면 그 다음 차가 오게 마련이다. 시간은 많으니까, 내가 여유롭게 기다리면 되는 것이다. (그렇지 않아도 버스를 보고 뛰다가 다리를 삔 적도 있다.) 요즘은 너무 서두르는 것에 대한 반작용으로 전 세계적으로 'Slow chita'(도시) 운동이 전개되고 있다. 느리다는 것은 행동이 느리다는 것이 아니라 모든 것을 차근차근하게 제 순서를 밟아서 나가자는 뜻일 것이다. 패스트푸드(Fast food)로 인하여 인류는 얼마나 많이 현대 병에 시달리는가? 이제라도 느림의 생활을 실천해 보자. 나를 기다리지 않고 떠나는 것들은 아쉬워 말고 떠나보내자. 나는 내 속도로 살자. 그것이 인생을 후회 없이 사는 길이 아닐까?

죽음의 유혹

울지 마라
외로우니까 사람이다
살아간다는 것은 외로움을 견디는 것이다.
공연히 오지 않을 전화를 기다리지 마라
눈이 오면 눈길을 걸어가고
비가 오면 빗길을 걸어가라.

갈대숲에서 가슴 검은 도요새도 너를 보고 있다.
가끔은 하느님도 외로워서 눈물을 흘리신다.
새들이 나뭇가지에 앉아 있는 것도 외로움 때문이고
네가 물가에 앉아 있는 것도 외로움 때문이다.
산 그림자도 외로워서 하루에 한 번씩 마을로 내려온다.

종소리도 외로워서 울려 퍼진다.

— 정호승의 '수선화'에서

이번 감기는 끈질기게도 오래 갔다. 열이 많이 나는 것도 아니고 항상 오싹오싹 추위 오고 기침이 나고 몸에는 진땀이 흘렀다. 누워 있으면 한없이 깊은 심연으로 가라앉는 것 같고 힘이 없으니 어떤 곳에도 의욕이 없어지는 것 같았다. 결국 하루도 빠지지 않고 가던 헬스클럽도 빠지게 되었다. 혼자 산다고 아쉬울 것은 없다. 자기 집이 있고 매일 쓸 돈에 쪼들리지 않으면 정말 팔자 좋은 사람이다.

그러나 일단 몸이 아프면 상황이 달라진다. 내가 전화를 걸지 않으면 아무도 내게 걸려오는 전화는 없다. 친구나 아이들이 전화를 걸어주지 않으면 온 종일 입 다물고 있게 된다. 온 종일 입을 다물고 있어도 저녁에 헬스클럽에만 가면 모든 고독과 우울증이 눈 녹듯 다 사라진다. 서로 아는 체 인사하거나 농담을 걸기도 하고 서로 낄낄거리며 운동을 하기도 한다. 헬스클럽이야말로 최상의 노인학교이고 몸의 건강을 다져주는 곳일 뿐만 아니라 정신을 가다듬게 해준다.

몸이 아파 헬스클럽도 못 가게 되니 온종일 꼼짝없이 집에 갇혀 지내야 했다. 그래도 낮에는 괜찮다. 날이 뉘엿뉘엿 어두워지면 아파트 놀이터에서 뛰어 놀던 아이들의 소리도 사라지고 내 주위로 조여 오는 것은 어두운 침묵이요, 고독뿐이다. 전화를 걸어오지 않는 아이들이 조금씩 서운해 오기 시작할 때가 이때이다. 이러면 안 되는데. 부모가 아이들의 전화에 매달려 산다면 그 얼마나 초라한가. 마음을 달래보지만 서운한 마음은 어쩔 길이 없다. 소파에 누우니 온 몸이 한없이 가라앉는 것 같고 정신이 혼미해 오는 가운데 달콤한 속삭임이 들리는 것 같다. 이렇게 무기력하면 죽는 것도 나쁘지 않지. 70살이면 짧게 산 인생도 아닌데. 지금 천사가 내게 와 속삭인다면 주저 없이 따라갈 것 같다. 아니다. 이런 기분에 오래 젖어 있는 것은 좋지 않지.

우울할 때 여행은 좋은 탈출구라고 한다. 나는 여행을 가기로 마음을 먹었다. 1월에는 인도를 여행하는 것이 좋다고 한다. 더운 곳이라면 감기 치료에도 좋을 것이다. 유명 여행사에 예약을 하고 여행에 가져갈 물건들을 준비하였다. 인도는 우리에게는 정보가 적은 나라이다. 인도만은 가지 마라. 길에는 사람의 인분이 빗물과 함께 줄줄 흐르니까 신발은 여벌을 가지고 가서 버리고 와야 한다. 음식은 카레 때문에 역해서 못 먹으니 라면 등 밑반찬도 싸가지고 가야 한다. 옷은 버리는 옷만 가져가라. 마스크를 준비하라, 면장갑도 준비하라 등등.

떠나는 전날까지도 감기는 낫지 않고 얼굴은 미열로 붉으려 하고 기침으로 가슴이 아팠다. 이제 와서 취소할 수는 없었고 급기야 나는 인근 병원에서 영양주사를 맞았고 감기약도 새로 지었다. 몸에 힘이 없는 것이 아무래도 이번 여행엔 무슨 변고나 겪지나 말아야 할 것 같은 불길한 예감마저 들었다. 얼마 전 같은 문인회 소속의 60대 중반의 건강한 여의사가 해외여행지에서 갑자기 죽었다는 비보가 있었다. 남편이 사고로 의식불명인 채 쓰러지고 세상을 떠난 지금 내게 분명한 것은 우리는 언제라도 죽을 수 있다는 생각이다. 그렇기 때문에 항상 죽음에 대비하여 평소에 자신의 신변 일을 잘 정리해야 한다.

여행을 가는 날 새벽에 일어나 열로 약간 떨리는 손으로 유언장을 썼다. 유언 없이 무슨 변고를 겪는다면 내 일생 열심히 모은 돈이 내 뜻대로 처리되지 않을 것이기 때문이다. 또 한 가지 내 발목을 잡는 것이 하나 있었다. 내가 여행할 동안 화분에 물을 주는 일이다. 내가 가꾸는 20여 개의 화분은 한때 내게 큰 기쁨을 주었으나 이제는 조금씩 벅찬 일이 되고 있었다. 이 식물들은 나의 노동을 착취(?)하며 아름답고 행복하게 잘 자라고 있었다.

어느 날인가 베란다 문을 열었을 때 나는 눈앞에 벌어진 광경에 놀랐다. 내 눈의 착각이었을까? 식물들은 마치 긴 머리를 풀어헤치고 시냇가에서 머리를 감으며 서로 시시덕거리는 젊은 아낙네처럼 잎들이 흔들리면서 오후의 햇빛을 즐기는 것처럼 보였다. 그 광경이 어찌나 부러웠던지 나도 할 수만 있다면 식물이 되어 그들과 함께 희희낙락 놀고 싶었다. 누구나 젊은 한때에는 남의 시선을 끌어당기는 신선한 힘이 있다. 그러나 지금 이 모든 것들이 사라진 노년들은 주름지고 힘없는 모습으로 살아가고 있다.

식물들은 일주일 동안은 물을 주지 않아도 살 수 있다. 그러나 그 이상일 때는 문제가 생기기 시작한다. 내가 여행하는 동안 아이들에게 집에 와서 화분에 대신 물을 주라고 부탁하는 것은 무리일 것 같다. 어릴 때부터 내가 식물을 가꾸는 것을 보아 왔건만 아이들은 화분에 관심도 없을 뿐더러 어떻게 물을 주는 것인지도 모르고 있다. 나는 텔레비전에서 잠시 보았던 방법대로 페트병 속에 길게 자른 헝겊을 늘어뜨려서 삼투압을 이용하여 서서히 화분에 물이 떨어지는 방법을 실험하여 보았다. 과연 이 방법은 그런대로 성공하여 일주일 이상은 버틸 것 같았다.

  그러면서 나는 결심을 하였다. 나도 이쯤해서 화분 가꾸는 데에 더 매달려 있을 수는 없다. 나이가 듦에 따라 소유물을 줄이듯 화분 수를 줄여서 이것에 매달리는 시간을 줄여야 한다. 젖먹이 아기에게 젖병을 물리듯이 나는 화초마다 한 개씩의 물병에 긴 헝겊을 늘어뜨려서 화분에 물이 흐르게 하면서 마음속으로 단호하게 결심하였다. 여행에서 돌아와 페트병의 물로 살아난 화초는 기를 것이고 죽어 있는 화분은 과감히 버리리라. 내 손으로 화분을 줄일 수 없으니 이렇게라도 줄여야 하겠다고 작정했다.

  인도여행은 삶과 죽음이 공존하는 곳이라고 하는데 정말 고생스러웠으나 보람도 있는 여행이기도 했다. 갠지스 강가의 종교의식 등을 보면서 서울에서보다 나는 더 가까이 죽음의 존재를 느끼는 듯했다. 낮에는 덥고 밤에는 추운 호텔방에서 나는 감기를 앓으며 진땀으로 젖은 속옷을 몇 번씩 갈아입었다. 5시간이나 연발하여 인도 비행장에서 날밤을 새운 나는 축 늘어진 몸으로 서울 집에 도착하였다.

현관문을 열자 그동안 까맣게 잊고 있던 화초들이 궁금해졌다. 베란다로 제일 먼저 달려갔다. 놀랍게도 화초들은 모두 살아 있었다! 페트병에 늘어뜨린 긴 헝겊에 의지하여 물을 공급받으며 모두가 목숨을 보존하고 있었을 뿐만 아니라 더 싱싱해 보이기조차 하였다. 정말 기적이었다! 그 중에서도 흰색 호접란은 여보아란 듯이 꽃까지 피우고 있었다. 대개 양란은 한 번 꽃이 피면 가정집에서는 다시 꽃을 피울 수 없어 그냥 버리게 마련이다. 이 꽃은 남편 장례식에 들어온 것이었는데 화분이 고급스러워서 남겨둔 것이었다. 그런데 꽃을 피운 지 7개월 만에 그것도 한 가닥이 아닌 7개의 줄기에서 눈이 터져서 하얀 꽃들이 햇빛의 방향을 따라서 아치형을 이루며 피어나고 있었다. 더욱 놀라운 것은 시원찮게 잎이 시들시들 하여 여행에서 돌아와서 반드시 처리해 버리겠다고 결심했던 군자란이 잎은 시들시들해도 꽃만은 힘차고 화려하게 꽃을 피우고 있었던 것이다.

아, 아, 나는 연거푸 탄성을 질렀다. 정말 생명의 폭발력이란 놀랍도록 아름답고 강렬한 것이다. 내 심장은 갑자기 놀라움과 환희로 요동치며 힘차게 뛰었다. 인도 여행에서 묻어온 회색 잿빛의 죽음의 그림자는 어느덧 사라지고 나는 한 마리의 새가 되어 한껏 공중으로 치솟아 오르며 환희의 노래를 부르고 싶었다. 그렇다. 내가 여지껏 이 점을 몰랐었구나! 우리 인생에 공존하는 두 가지의 밝고 어두운 본능, 그러나 죽음의 유혹보다 삶의 의욕이 더욱 강하다는 것을.

쌓인 원고지의 전언(傳言)

"얘야, ○○일보에서 소설 공모가 있어. 상금도 ○○○원이나 된다더라."

어머니 생전에 가장 기쁜 일은 신춘문예 소설 공모 광고를 신문에서 발견할 때였고 상금의 액수가 많을수록 더욱 기뻐 하셨다. 왜냐하면 말년에 어머니의 목표는 소설 공모에 당선되는 것이었고 당선의 꿈은 어머니에게는 거의 확신에 가까웠기 때문이다.

어머니가 새 소설 당선을 목표로 희망에 들떠 하실 때 우리 형제들은 묘한 감정에 젖게 되었는데, 예의 어머니 고질병이 또 발병하였구나 라는 생각과 이제 소설을 쓰시느라고 어머니 주변이 좀 잠잠해지겠구나 하는 안도의 감이었다.

글에 몰두하는 동안은 어머니는 결혼하여 각기 바쁘게 살던 자식들에게 관심을 덜 갖게 되어서 왜 자주 찾아오지 않느냐는 등의 꾸중은 하지 않을 것이기 때문이었다. 14년 전에 아버지와 사별하신 어머니는 장자인 오빠가 모시고 살았고 물질은 부족한 것이 없었으나 마음은 항상 쓸쓸해 하셨다. 그런 어머니에게 글쓰기는 지루한 말년의 시간을 건전하게 보내는 한 방법이었고 아마도 치매 예방에도 좋을 거라는 생각으로 적당히 칭찬을 해드렸다.

1903년 황해도 서흥읍 출생인 어머니는 18세에 아버지와 강제로 결혼하게 되었고 보통학교 출신인 아버지를 결혼 금가락지를 빼어 주고 야반도주하게 하여 개성의 송고에 입학하게 하였다. 할아버지는 처음에는 노발대발 하셨으나 아버지가 객지에서 병으로 쓰러지자 병간호를 위해 어머니는 개성으로 급파되었다.

그러나 어머니는 아버지의 넉넉지 못한 학비와 식비를 쪼개어서 서양 선교사들이 경영하는 호수돈 여고에 극히 제한된 수의 기혼자로 입학하였다. 그러나 어머니가 공부한다는 것을 알게 된 할아버지가 교장실에 오셔서 호통을 치시는 바람에 어머니의 향학의 꿈은 끝나게 되었다. 그러나 아버지는 계속 세브란스에 진학하여서 외과 의사가 되셨다. 이렇게 집안을 일으킨 며느리임에도 어머니는 시부모님이나 주위 사람들에게 큰 칭찬이나 환영을 받지 못한 것 같다. 아마 항상 현실에 만족치 않고 개선하려는 성품 때문이었을까?

어머니가 소설을 쓰기로 결심한 것은 정말 잘하신 일이었다. 외풍을 막느라고 담요를 쓰시고 밥상 위에 원고지를 펼치고 펜 끝에 잉크를 찍어서(그 때는 볼펜이 드물었다.) 한 칸 한 칸 원고지를 메워 나가시는 광경은 구도의 길을 닦는 것처럼 엄숙해 보이기까지 했다.

그러나 어머니에게 소설을 쓴다는 것은 무리였다. 첫째 옛날 언문으로 익힌 지식으로는 우선 한글 맞춤법이 문제였고 현대식 글을 쓸 수가 없었다. 어머니가 알고 계신 소설 형태란 〈옥루몽〉이나 〈춘향전〉 형태의 글이었다. 쓰시는 도중 여러 번 내게 맞춤법을 물어 보셨으나 쉽게 해결될 일이 아니었다. 생각다 못해서 국문과 출신자를 고용하여 구술시키는 것이 어떠냐고 말씀드렸다. 어머니는 펄쩍 뛰셨다. 그런 사람들은 일을 도와주기는커녕 오히려 어머니의 소설 소재를 훔쳐가기 십상이라는 것이다. 어머니는 의심도 많으셨을 뿐만 아니라 당신 소설에 대한 자부심 역시 대단하신 분이셨다.

몇 번이나 어머니가 현상소설 응모에 낙방하셨는지 또 낙방으로 얼마나 많은 원고가 잡지사에서 또 신문사에서 휴지조각으로 버려졌는지 알 수가 없다. 어머니는 결코 좌절하는 법이 없었다.

마지막으로 어머니는 KBS에서 주관하는 일일 연속극에 응모하셨다. 거의 기력이 없었던 어머니는 나의 부축을 받아 직접 KBS를 방문하여 원고를 제출하였는데 이 광경은 사무실 사람들의 시선을 끌기에 충분하였다. 그 주관 사무실의 실장으로 계신 남자 분은 나이도 지긋하였고 예의 바른 분이었다. 그분은 어머니의 용기에 경의를 표하고 모쪼록 잘 읽어 드리겠다고 약속하였다.

어머니의 소설에 대해서 잊어버렸을 즈음 그 실장에게서 연락이 왔다. 어머니의 글은 당선되지 않았으므로 규정에 따라서 폐기 처분해야 하지만 노인께서 힘들여서 쓰신 적지 않은 분량을 차마 버릴 수가 없으니 가져가서 어머니께 드리라고 하였다.

어머니는 돌아가시기 얼마 전 내게 원고 뭉치를 모두 가져다 주셨다. 당신은 힘이 진해서 더 글을 쓸 수가 없으니 이 다음에 글 쓸 때에 내용을 활용하라고 주시는 것이었다. 다소 의외라는 느낌이었으나 별 뜻 없이 원고지를 받았고 별로 읽어보지 못한 채 잊어버리고 말았다. 아마 그것이 무효가 되어버린 땅 문서나 채권이었더라도 이렇게 무관심하지는 않았을 것이다.

그리고 얼마 안 있어 어머니는 80세에 유명을 달리 하셨다. 어머니의 주검 곁에서 우리는 생전에 무관심했고 불효했던 것을 뉘우치고 후회하였다. 그것도 잠시, 바쁜 생활 속에서 어머니에 대한 기억은 차차로 희미해져 갔다.

언제부터인가 우리 집 문간 방 책장 밑에 상당한 분량의 원고뭉치가 쌓여 있는 것이 눈에 띠기 시작했다. 처음에 나는 그것이 남편 것인 줄 알았다. 그런데 남편은 나의 것인 줄 알았다고 했다. 나는 별 필요 없는 것이면 버리려고 그 원고지를 살피기 시작했다. 낡은 원고지는 별로 달필이 아닌 펜글씨로 가득 채워져 있었는데 모두 합쳐서 거의 2000쪽도 넘어 있었다. 무슨 소설 같은 것이었는데 군데군데 맞춤법이 틀리고 표현법도 옛날 〈춘향전〉을 읽는 것 같았다.

갑자기 머리를 세게 때리는 충격과 함께 나는 그것이 어머니의 글이었음을 깨달았다. 그 원고는 바로 어머니가 돌아가시기 전 내게 주신 글이었다. 어머니가 돌아가시고 16년의 세월이 흐르는 동안 까맣게 잊고 있었던 원고 뭉치였다.

그 중의 한 이야기 제목은 〈세파〉였고 시작은 1903년 황해도 해주인데 주인공의 이름은 임정완이고 성은 같고 이름은 달랐지만 바로 어머니 자신이었다. 당시 가문이 좋은 조씨 집안과 혼인이 깨진 것까지는 실제로 어머니의 과거사였고 그 다음부터는 어머니의 살아온 생애와 너무나 다른 내용이었다. 현실에서 어머니는 마음에 없는 결혼으로 번번이 좌절 속에서 살아 오셨지만, 소설 속의 임규수는 조씨 집안과 혼인이 깨어진 후 홀로 평양으로 가서 선교사의 도움을 받아 평양여고를 졸업한다. 졸업 후 역시 뛰어난 성적으로 인하여 서양 선교사의 도움을 받아 영국 옥스퍼드 대학으로 유학 간다.

어머니의 소설은 1903년 우리나라 개화기에서부터 1950년 후반까지 실로 50여 년의 이 나라의 큰 변혁과 고난의 시대의 이야기를 담고 있다. 그러나 그 표현 방법이 옛 이조 소설을 읽는 것 같았고 격식과 인사를 차리는 대화가 대부분을 차지하고 있어서 읽기가 지루하였다. 또한 사건 전개가 현실감이 없어서 아무리해도 소설이라고 보기는 좀 어려운 것 같았다. 어머니의 글을 읽으며 솔직히 나는 "이 도령, 김 소저"식 이야기에게 실망하였으며 몇 번이나 읽는 것을 중단하려 하였다. 정말 나는 어머니가 말씀하셨던 대로 어머니 글에서 굉장한 재료라도 얻으려는 심정이었는지 모른다.

그러나 어느 순간 문득 나는 깨달았다. 어머니께서 글을 쓰신 것은 보통 생각되는 작품으로 쓰신 것이 아니었음을. 당신의 한 많은 생에서 이루지 못했던 꿈을 소설이라는 형식을 빌려서 실현시키셨음을. 어머니는 우리보다 훨씬 앞서서 간파하셨던 것이다. 글 속에서는 시간과 공간의 제약도 없고 불가능도 가능케 해 줄 수 있으며 소멸할 수밖에 없는 인간의 생명을 영원히 살게 할 수 있는 마법 같은 능력이 있다는 것을 어머니는 글을 쓰시는 동안 터득하셨던 것이다.

기나긴 외로운 노년의 나날을 어머니는 수를 놓듯 원고지를 메우면서 잘못 살아온 인생의 궤도를 당신 뜻대로 일일이 수정하셨던 것이다. 그 꿈을 멋있게 이루기 위하여 얼마나 많은 회한의 눈물을 뿌리시며 얼마나 많은 원고지를 찢어 버리셨을까! 잉크병은 몇 번이나 방바닥에 엎질러 버리셨을까!

어느 모로 보나 현대적 교육을 받아 어머니보다 훨씬 나은 조건에 있었던 내가 어머니 글에서 무엇을 얻어 가지려 했던 것은 순전히 도둑심보였다. 딸들은 모두 도둑이라더니 그른 말은 아니었다. 어머니가 글을 통하여 내게 주시려 했던 것은 글의 내용이 아니었다. 어떤 역경 속에서도 글 속에서나마 당신의 꿈을 이루려 했던 정신력이 아니었을까? 이 사실을 깨닫자 나는 복받쳐 오르는 감정을 주체할 수 없었다. 길을 걷다가도 일을 하다가도 문득문득 이 생각이 떠오르면 후회와 죄책감으로 가슴이 저려 왔다.

어머니는 외로우셨다. 주위의 누구도 어머니의 뜻을 이해하지 못했다. 어머니가 일생을 외로우셨던 것은 보통 사람들이 미처 깨닫지 못했던 것을 앞서 보셨기 때문이었다. 어머니를 구식 사람이라고 생각했던 우리야말로 사실은 뒤쳐진 생각 속에서 살아온 것이다. 이것이 어머니 생전에 외로워야 했던 갈등의 원인이었다.

생전에 독실한 기독교 신앙인이셨던 어머니는 지금쯤 아마 천국에서 이승에서 못 다한 소설을 완성하셨을 것이다. 천국의 제도가 어떤지는 상상이 안 되지만 아마 글을 쓰는데 문법이나 철자법이 문제가 되지는 않을 것이다. 아마도 어머니는 이미 그곳에서 베스트셀러 작가가 되셨을 것이다. 이것은 의심의 여지가 없다. 어머니는 기회만 있으면 글을 쓰셨을 터이니까. 이곳에서 받치고 글을 쓰셨던 낡은 밥상 대신 멋진 구슬이나 꽃으로 장식된 책상에서 글을 쓰실까? 머리에는 면류관 같은 것을 쓰시고 생전에 고왔던 모습은 성취감으로 더욱 빛이 날 것이다.

나는 내 아이들에게 부탁하고 싶다. 내가 이 세상을 떠난 후에도 어머니의 원고만은 간직해 두기를. 못 다한 꿈을 원고지에 재현시킨 한 여인의 정신은 자손대대이어야 할 것이기 때문에.

의식 흐름의 뿌리를 찾아

내가 대학교 영문과 1학년 때 첫 번째로 맞는 영미단편소설 시간에서 이해가 안 되었던 단어가 생각난다. 그 단어는 바로 'Attached house'라는 것의 의미였다. 지금은 그 시간에 공부하였던 단편 소설의 작가도 글의 제목도 기억이 나지 않지만 이야기 내용은 '어태치드(Attached house)'에서 사는 두 영국 독신 여인들이 서로 겪는 갈등의 이야기였던 것 같다. 그 시간은 미국서 갓 돌아오신 김세영 선생님이 가르치셨는데 유머와 위트로 항상 우리를 즐겁게 해주셨다.(아마 humor와 wit라는 단어도 선생님한테 배웠을 것이다.) 그 당시 선생님은 하이 미쓰로 매일 같은 계통의 색깔을 맞추어 옷을 입고 오시는 멋쟁이 선생님이셨다. 선생님은 당시 '어태치드 하우스'가 어떤 것인가를 가르쳐 주셨을 것인데도 내 마음속에는 사전적인 용어인 '붙어 있는 집' 정도로 알고 있었고 실제로 어떤 것인지는 이해가 되지 않왔다.

그 후 거의 삼십사오 년이 지난 1991년 어느 겨울, 나는 런던 어느 한적한 길을 산보하다 그만 길을 잃은 적이 있었다. 눈앞에는 조각이 새겨진 전통적인 돌집들은 찍은 듯이 같아 보여서 번지 숫자를 외우지 못하면 집을 찾기가 어려웠다. 나는 떠나온 호텔로 되돌아가는 길을 잃어버려서 일순 당황하였으나 내심 조용한 겨울, 한적한 일요일 오전에 안개 낀 거리에서 잠시 길을 빗나가 헤맨다는 것에 짜릿한 낭만을 즐겼다.

그때 어느 순간 내 눈앞에 집 모양을 보는 것과 동시에 머리를 후려치는 전광석화와도 같은 것이 있었다. 아, 저것이 바로 그 '어태치드 하우스'라는 것이구나! 똑같이 찍어 놓은 듯한 집들은 거의가 양쪽으로 쌍둥이처럼 분리되어 있었다. 안으로는 서로 통할 수도 있으니 옛날 공부하던 단편 소설 속의 두 노처녀들은 수시로 드나들며 말썽을 일으킬 수도 있었을 것이다. 그런데 왜 하필 그 순간에 35년도 더 오래되었던 의문이 느닷없이 의식의 밑바닥에서 튀어 올라왔는가는 알 수 없었다.

학부의 전공이던 영문학을 버리고 석사 과정에서 언어학을 택했을 때 나는 내가 원하던 문학을 못 하는 것이 못내 아쉬웠다. 나는 결혼 후 3년 간을 수돗물도 없는 수유리 영단 주택에서 아이를 키우다 남편을 따라 하와이 대학 석사 코스인 동서문화센터에 오게 되었다. 나는 당연히 영문학 전공을 해야 된다고 생각했으나 일본인

일세의 지도 교수는 외국인 학생에게는 영문학을 택하기보다는 언어학이나 응용언어학을 선택하도록 강조하였기 때문에 응용언어학을 택하였으며 그 과목이 어떤 것인지도 거의 모른 채 달려들어 맹렬히 공부하기 시작했다. 돌이 막 지난 어린 아들을 친정에 맡기고 온 나에게는 공부란 사생결단의 대상이었기 때문이다.

그 후 여러 곡절을 겪어 모교 대학의 강사 7년을 시작으로 마지막에는 H대학 영문과 교수로 통산 35년의 교직 생활을 하게 되었다. 이 모두가 생각해 보니 39년 전 지도교수가 추천한 대로 영문학 대신에 언어학을 택한 덕분이었다. '언어'는 '문학' 이전에 생겨난 것이지만 학문으로서의 '언어학'은 비교적 최근에 발달한 일종의 언어과학으로서 영어를 제일 외국어로 배워야 하는 우리나라와 같은 곳에서는 소위 잘 팔리는(?) 학문이기도 했다.

영문과의 전임들은 자기네 전공 이외에 일반 학과의 1, 2학년들을 대상으로 교양영어를 가르치게 되어 있다. 나중에 이 제도는 바뀌었으나 교양 영어 시간은 학생수가 60명도 더 되어서 20명 정도의 전공을 가르치는 것보다 몇 배나 힘들어서 모두가 기피하는 시간이었으며 학과에서는 새로 부임한 교수나 강사에게 맡기는 것이 관례였다. 그러나 나에게는 교양영어를 맡는 것이 그 학기를 즐겁게 지낼 수 있는 원동력이었다.

나는 학부에서 전공을 가르치는 것 외에 대학원 강의를 맡아야 했는데 이것이 고역이었다. 겨우 5, 6명 되는 학생을 대상으로 그것도 최근 3, 4년 안에 나온 새로운 교재를 머리를 싸매다 싶게 공부하여 가르치려니 한 학기 내내 다른 과목은 다 버려두고 대학원 코스에만 매달려야 하니 정말 타산(?)이 안 맞는 일이었다. 이럴 때 교양영어마저 없었다면 얼마나 삭막할 것인가! 나는 새 학기 시간표를 배정받을 때 교양영어가 꼭 들어가도록 조교에게 환기시키며 강사들이 시간을 다 가져가서 내게 배당이 안 될까봐 전전긍긍하였다.

전공과목 강의는 잘 짜맞춘 시계처럼 완벽한 준비와 조직적인 전달술로 새로운 지식과 정보를 전하면 기본은 되었다. 그러나 교양영어 시간은 달랐다. 나는 그냥 시간에 들어가서 꼭 막아 두었던 감성과 낭만의 뚜껑을 열기만 하면 되는 듯했다. 평소 의식의 저 밑바닥에 억눌려 있었던 풍부한 감정과 낭만들은 온갖 색채로 굽이굽이 넘쳐 나와 교실을 부드러운 손길로 감싸주는 짓 같았다. 깊은 가을 오후, 토마스 하디의 '독일 군단의 우울한 경기병'(The Melancholy Hussar of the German Legion)은 어떠했나? 테스의 비극에 못지않은 주인공 필리스의 슬픈 운명에 가슴이 메인 학생들의 웅크린 등을 힘없는 가을 오후 햇살은 가만가만 매만져 주는 듯했다.

그 책 속에는 토마스 울프(Thomas Wolf)의 글이 헤밍웨이(Hemingway)가, 제임스 터버(James Thurber)가, 올더스 헉슬리(Aldous Huxley)가, 써머싯 모옴(Somerset Maugham)이, 클레어런스 데이(Clearance Day)가, 셔우드 앤더슨(Sherwood Anderson)이, 버트런드 러셀(Bertrand Russell)이…… 그리고 제임스 조이스(James Joyce)가 세월의 간격을 넘어 나와 이야기를

들려주고 있었다.

어느 영국 유학 출신 학자가 "대한민국의 영어 선생들이여, 그대들의 죄를 아는가?"라고 오늘날 영어 교육의 실패를 영어 선생들의 잘못으로 꾸짖었으며 교양영어 교재의 부적절한 선택이 영어 교육의 실패라고 비난하였어도, 교양영어 교재를 훌륭한 영미 문인들의 작품으로 채워 넣은 것은 긍정적인 면이 더 많았다고 나는 믿는다. 교양영어는 '사지 선다형'의 답안밖에 작성할 줄 모르는 학생들의 메마른 정서를 교양시켰을 뿐만 아니라 나 자신도 교양시켰으니 워즈워드의 시구대로 "어린이는 어른의 아버지"(Child is father of man)에서 "학생들은 선생의 선생"이기도 했기 때문이다.

나는 학생들을 가르치면서 풍부한 문학의 정감을 익혔으며 또 좋은 수필은 어떻게 써야 하는가를 배웠다. 좋은 수필은 가디너(A.G. Gardiner)의 '모자 철학에 관하여'(On the Philosophy of Hats)나 '우산 도덕에 관하여'(On Umbrella Morals)처럼 작가의 철학관과 창의성이 담아 있어야 한다고 생각했다. 또 클리어런스 데이의 어린 시절 생생한 추억 이야기는 감명을 주었는데 훗날 내가 대단한 글은 못쓴다 해도 데이 풍의 글은 쓸 수 있지 않을까 하는 막연한 생각을 품게 되었는데 마음에 큰 위로가 되었다.

특히 제임스 조이스의 《더블린 사람들》에서 발췌한 '하숙집'이나 '에블린', '가슴 아픈 경우'를 가르칠 때는 35년의 시간을 넘어서 내 귀에는 나영균 선생님의 강의 소리가 들리는 듯하였다. 나 선생님은

3학년 때 영어소설을 담당하셨는데 가장 인상 깊었던 것은 조이스의 '예술가로서의 젊은이의 초상화'(Portrait of the Artist as a Young Man)를 공부할 때였다. 강의 시간에 나 선생님의 우리말 번역은 정말 군더더기 하나 없는 일품이었다! 우리는 선생님의 낭랑한 음성에 도취하여 조이스가 펼치는 세계 속을 홀린 듯 방황하였다. 또 선생님의 세련된 복장은 어떠했나? 한참 미에 민감한 나이의 학생들에게 교수의 복장은 어떻게 적절하게 옷을 입는가를 가르쳐주는 간접적인 교육이라는 것을 그때 나는 배웠다. 1960년에 신희수라는 동급생은 〈서울신문〉이 주최하는 신춘문예에 '아름다운 수의'라는 작품으로 당선되어 주위를 놀라게 하였는데 제임스 조이스(James Joyce) 시간에서 영감을 얻어서 썼다는 소문이 들렸다.

나는 2002년 2월 말에 학교를 정년 퇴임하였을 때 대부분의 책들은 'ㅇㅇㅇ 기증'이라는 목도장을 찍어 도서관에 기증하고 극히 제한된 숫자의 서적들을 집에 들여왔다. 그 중에 소중히 가져온 것들 중에는 이화여대 강사시절부터 지금까지 가르쳐 온 교양영어 교재들이 있었다. 이 책들은 너무 오랫동안 뒤적거려서 거의 겉장이 찢어지거나 책갈피들이 손때에 절어서 피어 있었다. 그 중의 어떤 페이지에는 어린 딸아이가 빨간 볼펜으로 막 동그라미를 그려 넣은 것도 있었는데 아마 엄마와 같이 공부한답시고 책에다 그려 넣은 것이리라. 방해하려는 아이를 막으랴, 다음 날 가르칠 단어들을 사전에서 열심히 찾아 썼을 젊은 날의 내 모습이 회상되어 가슴이 찡

하였다.

 그 해 여름, 나는 영국의 잉글랜드와 스코틀랜드, 그리고 웨일즈와 아일랜드를 여행하였다. 셰익스피어의 고향도 보았고 워드워즈의 고향도 보았다. 더블린에서는 조이스 센터(James Joyce Center)도 찾아보았다. 그 곳에서 그의 유품들과 그의 역작 율리시즈(Ulysses)의 각국 번역본들도 보았다. (물론 한국판도 있었다!) 한 벽에는 조이스가 했다는 유명한 질문인 "나는 율리시즈를 썼다. 당신은 무얼 했나?"(I wrote Ulysses. What did you?)라는 질문은 내게 정곡으로 가슴을 찌르는 질문이었다.

 영국에서 15일 여행의 남은 몇 시간을 쪼개어 나는 런던의 옥스퍼드 거리와 본드 거리가 교차하는 번화가를 걸었다. 2차선 조금 넘는 좁은 도로를 이층 버스가 서로 부딪칠 듯이 스쳐 가는 와자지껄한 거리에서 갑자기 충격을 받은 듯 깨달음이 내게 왔다.

 나는 졸업 후 희망하던 대로의 길을 걷지 못했다고 생각했는데 그것은 아니었다. 대학 졸업 후 나의 표면적인 전공은 문학과는 거리가 있었으나 적어도 내면의 세계에서는 이것과 단절된 적이 없었다. 대학에서 아등바등 교양영어와 인연을 이으려고 한 것도, 또 가끔 느닷없이 옛날에 배우던 '어태치드 하우스' 같은 의문들이 떠오른 것도, 기회만 있으면 영국 문호의 고향을 찾으려 한 것도, 모두가 무의식 속에 묻혀 있던 문학에 대한 열망이 물방울이 터져 오르듯 표면에 떠오른 증거이리라.

나는 50년도 더 전에 나영균 선생님과, 김세영 선생님에게 배운 문학 수업을 종자 씨로 삼아서 겁도 없이 교양영어 시간 중에 '의식의 흐름'이니 '하드 보일드 스타일(Hard-boiled style)'이니 잘도 지껄이며 내 재산으로 불려왔던 것이다. 학생들은 내 번득이는 눈빛과 열정으로 오히려 전공보다 내 교양영어 강의를 더 진실로 받아들였는지도 모른다. 졸업 후 나는 언어학 거장들의 강의를 많이 들어왔으나 내게는 오히려 이 두 분 선생님들의 영향이 50여 년의 세월에도 불구하고 지속되었으니 이 분들이야말로 정말 내게는 대단한 스승님이시다!

갑자기 내 마음속의 감격은 뜨거운 눈물이 되어 옥스퍼드 거리 바닥에 떨어졌다. 지난날에 대한 후회는 없었다. 언어학은 내게 전문직을 주고 명예를 주고 또 월급도 주었다. 그러나 언어학과의 관계는 항상 단정하게 화장하고 정장하고 만나는 공식적인 관계와 같았다. 항상 잘 보이도록 열심히 노력하는 동안에는 응분의 대우를 받으나 조금이라도 게을러질 때는 가차 없이 잘릴지도 모른다는 두려움 같은 것이 깔려 있는 관계였다.

이제 나는 더 이상 나를 꾸미지 않고 생긴 그대로의 나를 보여주고 그럴듯한 결과를 만들어내지 않아도 쫓겨날 염려가 없는 그런 편한 상대를 갖고 싶었다. 그 상대가 바로 문학이다. 이것은 새삼 처음 발견한 상대가 아니라 내 살아오는 동안 이미 같이 하여 왔으나 무디게도 내가 인식하지 못했던 것뿐이었다.

마침내 내 속에 막혀있던 하수도관이 뚫려 40여 년 전의 과거와 연결된 것처럼, 아니 혈관 벽에 늘러 붙어 있었던 일상의 규율이라는 딱딱한 콜레스테롤이 제거되어 막 새로운 피가 순환되듯 눈물은 자꾸 보도 위에 떨어졌는데, 분명 환희의 눈물이었다. 이 새로운 발견은 젊음의 힘이 이미 사라진 나이에도 어떤 희망을 주는 것 같았다. 나는 흐르는 눈물을 연신 닦으며 때론 웃으며 낯선 옥스퍼드 거리를 한동안 걷고 또 걸었다.

되살아 온 앨런 포

미국의 단편 소설가 에드거 앨런 포(Edgar Allan Poe, 1809~1849)의 작품 중에서 가장 오래 인상이 남는 작품을 꼽는다면 〈도둑맞은 편지〉(Purloined Letter, 1845)를 나는 들고 싶다. 그의 단편들은 대체로 그로테스크 풍과 아라베스크 풍에 속하는 작품들로 나뉘는데 그는 일생을 통해서 무려 136여 편의 단편소설과 비평문 등을 썼다. 그러나 나는 포를 추리 작가로 기억하고 싶다.

한 동안 나는 〈도둑맞은 편지〉가 포의 작품이 아니라 영국의 추리소설가 코난 도일의 작품인 줄로 잘못 안 적이 있었다. 그 이유는 포의 작품은 〈붉은 주검의 마스크〉(The Masque of The Red Death, 1842)나 〈검은 고양이〉(The Black Cat, 1843) 혹은 〈아몬틸라도의 술통〉(The Cask of Amontillado, 1846)에서처럼 끔찍하다고 할 만큼 그로테스크한 면이 강하게 부각되어서 〈도둑맞은 편지〉에서처럼 인간의 무의식의 심충적 반응을 교묘히 이용하는 재치는 명쾌한 추리 작가인 코난 도일의 몫이라고 생각했기 때문이다. 그러나 이것은 순전히 오산이었다. 포는 한순간 피를 얼어붙게 만들고 우리의 심장을 멈추게 할 쇼킹하면서도 끈적끈적한 담즙질의 글도 쓸 수 있을 뿐만 아니라 〈도둑맞은 편지〉에서처럼 명쾌한 추리소설의 영역도 망라하여 자유자재로 드나들 수 있었으니 그는 과연 단편소설의 귀재라 아니할 수 없다.

사람이 귀중한 편지나 서류 혹은 귀금속은 어디에 숨기는 것이 가장 안전한가? 이 질문은 불신 시대를 사는 우리에게 가장 필요로 하는 답일지도 모른다. 혹자는 그 해답으로 자신만이 아는 비밀 금고, 책갈피 속, 베개 속, 혹은 된장 항아리 속 등, 우리가 생각해 낼 수 있는 온갖 은밀한 장소를 다 지적해 낼 것이다. 그러나 사람이 생각해 낼 수 있는 은밀한 장소라는 것은 원래 공통점이 있게 마련이어서 누구라도 감춘 사람의 입장에 서서 역으로 추적해보면 의외로 깊이 감춘 장소를 알아내는 것은 쉬운 일이다. 포는 〈도둑맞은 편지〉에서 인간 심리의 보편적 귀착점을 깨고 가장 방심할만한 단순한 곳에 감추어서 오히려 못 찾게 만드는 기상천외의 재치를 발휘한다. 즉 그는 도난당한 귀중한 편지를 다시 도둑맞지 않기 위해서 사람들이 흔히 생각 해 낼 수 있는 은밀한 비밀의 장소가 아닌 설마 이런 곳에는 감출 수 없으리라고 간과해 버리기 쉬운 장소를 오히려 역으로 이용하는 교묘함을 보였다. 소설 속에서 그는 편지를 쓰레기통에

휴지를 가장하여 감추었으며 과연 예상대로 사람들은 온 집안을 샅샅이 뒤지면서도 이 휴지통에는 관심을 갖지 않게 된다.

    결혼하고 얼마 후부터 나는 대학 강사직을 시작하였는데 나는 포의 교묘한 물건 감추기 수법을 흉내 내기 시작했다. 20대 후반인 당시 나는 수유리에 위치한 영단 주택에 살면서 버스를 갈아타면서 학교로 출근하였었다. 아침에 나가려면 우선 아이가 현관까지 따라 나와 내 치맛자락을 붙들고 안 떨어지겠다고 맹렬히 울었는데 정말 아이를 떼 놓고 나가는 일이 큰일이었다. 아이의 울음소리는 학교에 도착하는 내내 그리고 첫 시간 강의하는 얼마 동안 간간이 내 귓속에서 이명처럼 들려와 내 마음을 무겁게 하였다. 그러나 아침 출근할 때 또 하나의 중대한 통과의례는 시골서 데려온 일하는 언니의 눈을 피해서 어떻게 귀중품을 도둑맞지 않게 감추고 나오느냐가 문제였다. 물건을 감추는 일은 오랜 시간 동안 연구하고 미리 감추어 두는 것이 아니라 막 옷 차려입고 출발하기 직전 거의 순간적으로 깊숙한 곳에 감추어야 하는데 정말 번갯불보다 더 재빠른 기지가 필요했다.

    당시에는 요즘과 같이 전문으로 파출부를 소개해주는 기관이 없었기 때문에 친지를 통하여 연고가 있는 시골에서 일해 줄 언니들을 구해 오는 것이 관례였다. 아는 사람이 줄을 놓아서 일하는 언니를 데려 왔기 때문에 요즘 가끔 신문 지상에서 보는 것 같은 무서운 범죄를 저지를 염려는 없었으나 60년대 농촌과 도시의 생활 차가 심하여서인지 간혹 손버릇이 나쁜 언니들은 신기해 보이는 물건들을 말없이 자기 보따리에 감춰두는 일이 더러 있었다.

감추는 물건들이란 주로 반지, 목걸이, 머플러, 손수건, 머리핀, 블로우치, 심지어는 미제 안전핀 같은 것들이었는데, 세월이 거듭됨에 따라서 나의 물건 감추는 솜씨는 점점 세련되어서 가히 앨런 포와 견줄만한 경지에 이르게 되었다.

나중에 아이들이 자란 후에는 아이들이 만져서는 안 되는 수첩이나 문서를 숨기는 일에, 아이들이 다 자라서 떠난 후에는 아파트를 잠그고 잠시 외국 여행을 갈 때 감추는 솜씨는 유용하게 쓰였다. 몇 가지 비밀 장소의 예를 들면 장롱 뒤로 실을 늘어뜨려 귀중품이 들은 주머니 감추기(미처 은행 금고에 맡길 시간이 없이 급히 떠날 때 상당히 유용하다), 책갈피 사이로 지폐나 통장 감추기(이 방법은 교수들이 연구실에서 흔히 사용하는 방법이다), 뒤 베란다 먼지 앉은 선반 위에 아무렇게나 놓인 허름한 깡통이나 냄비 속에 귀중품 감추기(나중에 본인이 깜빡 잊어 버렸을 때는 오히려 물건을 잃어버리기 쉬운 위험한 방법이다) 등이다.

지금 소개한 장소들은 물건 감추는 장소로서 고전에 속하는 교과서적인 장소여서 누구라도 조금 머리를 쓰면 쉽게 찾을 수 있다. 가장 예측하기 힘들고 기억하기 힘든 장소는 본인이 무의식적인 순간에 눈에 띠는 기발한 장소에 물건을 감추는 것이다. 나는 아침에 급히 출근하면서 물건을 감추기 때문에 거의 이런 장소를 이용하게 된다. 순간적인 영감(?)을 얻어 깊이 숨긴 물건은 남에 의해 도둑맞지 않는 데는 성공할지 몰라도 후에 집에 돌아와 감춘 물건을 되찾으려 할 때에는 기억이 나지 않아 애를 먹게 된다. 마치 몽유병 환자가 잠결에 행동한 것을 기억 못 하듯 순간적 발상에 의해 감춘 물건은 본인도 도저히 기억해 내지 못하니 어쩌랴! "엄마는 너무 물건을 깊이 숨겨서 엄마 자신도 다시 찾지 못한다"고 언젠가 딸이 빈정댄 적이 있다. 물건이란 필요할 때 나타나야 하는데 너무 깊이 숨겨서 어디 있는 줄 몰라 사용하지 못한다면 무슨 소용이 있겠는가?

나는 감춘 물건을 다시 찾아내기 위해서 내 자신이 무덤에서 다시 살아 돌아 온 앨런 포나 코난 도일이나 혹은 형사 콜롬보의 입장이 되어 그 사람들이라면 어떤 곳에 감췄을까 곰곰이 추리해 내기 시작한다. 마치 콜롬보처럼 가늘게 눈을 뜨고 날카로운 눈매로 등을 구부린 채 (아마 낡은 바바리 코트라도 있었으면 손에 걸쳤을 것이다) 주위를 살펴 나간다. 그리고 마음속에는 항상 포의 〈도둑맞은 편지〉의 기상천외한 발상을 염두에 둔다. 아무리 추리를 하여도 되찾는데 실패하였을 때에는 이제는 적극적인 현장 검증을 실시할 차례이다. 나는 그 날 아침 출근할 때 화장을 끝내고 일어났던 장소에서부터 시작하여 현관에서 신발을 신을 때까지 주위를 유심히 살피며 물건을 숨길만한 장소를 직접 걸으면서 탐색하기 시작한다. 그렇지, 여기에서 이렇게 일어나서 도시락을 들고 아니야, 먼저 가방 속에 책을 챙겨 들고 그리고 현관으로 왔지. 아, 마침 그때 전화를 받았겠다, 그러면 문갑 속을 뒤져볼까? 황급히 문갑의 서랍을 뒤지지만 예의 그 물건은 없다. 그 다음에는 전화를 받고 신발을 신으러 신발장 앞으로 왔지, 아~ 생각이 난다, 혹시 신발 속에 넣지 않았나, 신발 속을 보자. 이런 식으로 물건 찾기는 계속된다.

출근 직전 순간적인 발상으로 물건을 감추는 장소란 대개 이불 밑이나, 텔레비전 밑, 장롱 밑, 양말 속이나 장갑 속이나 양복 주머니 같은 틈새를 많이 이용하게 되는데 이러한 틈새가 집안에 얼마나 많은가? 나중에 돌아와 다시 찾을 때는 집안의 틈새란 틈새는 모두 다 찾아보아야 하니 그 고생은 이루 말할 수 없다. 가장 교묘하여 찾기 어려웠던 장소란 책상 위나 화장대 위에 아무렇지 않게 버려진 듯 놓인 구겨진 종이나 휴지 밑에 반지나 열쇠를 얌전히 놓아두었던 일이다. 책상 위의 책들은 수없이 들어 올려 보면서도 이런 휴지 조각은 거들떠보지도 않았으니 가히 엘런 포의 솜씨와 경쟁할 만하다. 그러나 아무리 찾아도 물건이 나오지 않을 때는 아예 포기하거나 아니면 다시 새것으로 사서 쓰는 것으로 해결을 볼 수밖에 없다. 이렇게 애타게 찾던 물건들은 오랜 시간이 흐른 후 집안 대청소나 물건 정리 시에 예기치 않은 곳에서 튀어 나와 나를 놀라게 한다. 그러나 이제 나타난들 이미 소용이 없어진 물건들이다. 원래 인생이란 애타게 원할 때는 주어지지 않다가 세월이 흘러 소용이 없어졌을 때 뒤늦게 나타나는 것이 아니던가!

불안과 불신의 시대를 사람들은 귀중품만 숨겨 두고 사는 것이 아니라 진심과 양심까지 깊이 숨겨두고 살아가는 것이 아닐까 생각이 들 때가 종종 있다. 아무리 주위를 둘러보아도 진정한 양심에서 우러나오는 말을 해 주는 사람보다는 적당히 사탕발림으로 듣기 좋은 말만 하는 사람들이 더욱 많아지는 것 같다. 이런 소리들은 달콤한 유행가와 같이 언제 들어도 싫지 않고 우리는 이 소리에 익숙해져 있어서 진정한 충고의 말을 들을 때에는 오히려 심장은 충격을 받아 요동치고 노여움으로 불면의 밤을 보내게 된다.

교수가 학생에게, 부모가 자녀들에게, 사원이 회장에게, 각료가 대통령에게, 친구가 친구에게 양심의 진정한 말을 하다가는 상대방에게 허점을 잡히거나 불이익을 받을 것 같아서 진심보다는 가면으로 사람들을 대하는 것이 아닐는지? 적당히 사탕발림의 말을 하는 사람일수록 주위에서 환영받고 조직체에서 출세가 빠른 대신 양심의 말을 하는 사람일수록 친구들에게서 혹은 조직 사회에서 왕따로 밀려나는 것이 아닌지?

이렇게 사람을 대할 때마다 진심과 양심을 깊숙이 감추고 가면을 쓰다 보면 귀중품을 다시 찾듯이 양심과 진심을 다시 찾으려 할 때는 너무 깊은 곳에 감추어져 영영 못 찾는 일이 있지 않을까? 정말 이런 경우에는 양심을 되찾아 줄 앨런 포를 무덤에서 불러 부탁해야 될 것 같다. 진심과 양심을 감추는 일이 자주 되풀이 될 경우에는 되찾는 일이 귀찮아져서 아예 이 존재를 마음 깊숙이 밀어 놓고 영영 잊어버리게 되는 것이나 아닌지?

그러나 탄탄한 출세의 가도를 달린 후 마침내 몸이 노쇠하여 인생을 마감하게 될 때, 출세도 영광도 한순간 물거품처럼 보여지는 그때, 집안을 대청소하듯 마음을 깨끗이 비워 어느 구석에서 몇십 년을 구겨져 처박혀 있었던 자신의 양심과 진심을 발견했을 때, 그러나 이제는 사용할 시간이 남아 있지 않을 때, 과연 어떤 마음이 들까 두려워진다.

코넬 대학의 염력

평소 같으면 웃고 넘길 대수롭지 않은 것도 특수한 환경과 폐쇄된 공간에서는 환경의 영향을 받아서인지 이상한 방향으로 몰고 갈 수가 있다. 더구나 그곳이 미국의 코넬 대학과 같이 오락시설 없이 지독히 공부만 시키는 악명 높은 곳에서는 그 유명한 자살 다리에서처럼 사람을 극단으로 몰고 갈 수도 있다고 나는 생각한다. 나는 코넬 대학 캠퍼스에서 머무는 동안 이상한 경험을 하였는데 지금 생각해 보아도 코넬 대학 지형이 발산하는 염력과 무관하지 않다고 본다.

몇 년 전 여름 미국 코넬 대학에서 언어학회가 열렸는데 나는 그곳이 미국의 명문 대학이고 강의 내용도 꼭 내가 듣고 싶은 것이 많았고 강의 교수들도 그 분야에서 쉽게 만날 수 없는 석학들이라는 것만 알고 큰 기대를 품고 서울을 떠났다. LA에서 내려서 뉴욕행 비행기를 갈아타고 다시 뉴욕에서 8시간을 기다려서 코넬 대학이 있는 이타카 공항으로 가야 했다. 뉴욕 공항을 떠날 때 이미 날이 저문 데다가 비행기도 소형의 30인승의 프로펠러 비행기였다. 아는 사람 하나도 없이 석양을 배경으로 어둑어둑 해오는 비행장에서 이륙하기 위해 회전이 빨라진 프로펠러 소리를 들으니 어쩐지 쓸쓸하고 불길한 예감마저 들었다.

이타카 공항에서 내려서 코넬 대학으로 가는 택시에는 네 사람이 동승하게 되었는데 그 중에서 20대 후반이나 30대로 보이는 예쁘장한 동양계 여학생을 만나게 되었다. 나는 이 여자에게 스스럼없이 어느 학교 학생이냐고 물었다. 앳되어 보이기 때문에 혹시 박사과정 학생인줄 알았던 것이다. 그런데 이 여성은 중국계이고 미국대학 교수라고 대답했다. 나는 학생이냐고 물은 것에 대해 약간 무안한 마음도 들었고 동양계 여성이 미국대학 교수라는 것에 감탄이 지나쳐 순간적으로 주눅이 드는 기분이었다.

밤 10시 가까이 대학에 도착해 사무실에 가서 겨우 방의 열쇠를 받았다. 덜컹거리는 엘리베이터를 타고 기숙사 방으로 가니 마룻바닥은 하얗게 먼지가 쌓여 있었고 에어컨이나 선풍기도 없이 찌는 듯이 더웠다. 침대에 누워 잠을 청하니 오른쪽 엄지손가락이 삐었는지 욱씬거려 왔고 열어 놓은 창밖에는 나뭇가지가 바람에 흔들거리는 것이 마치 마녀가 머리를 풀어 헤치고 한없이 탄식을 하는 것 같았다. "여기가 그 유명한 코넬이란 말인가?"

밤새 잠을 설친 채 아침에 일어나 보니 옆방에는 바로 그 중국 여교수가 묵고 있었다. 하필이면 그녀라니. 방의 구조는 방과 방 사이에 세면대가 있어 옆방 사람과 같이 쓰게 설계되어 있었는데, 얇은 판자 칸막이 사이로 삐걱거리며 마루 위를 걷는 소리를 들으면 옆방 사람의 일거수일투족을 다 알 수 있었다. 이 점은 상대방에서도 마찬가지였을 것이다. 얇은 방 칸막이를 사이에 두고 나와 이 중국계 여교수와의 기이한 동거는 이후 4주간 동안 계속 되었다.

아침 6시에 자동적으로 눈이 떠지면 나는 삐걱거리는 마룻바닥을 조심스럽게 걸어서 중간에 있는 세면대에서 세수를 하고 얼굴에 화장과 머리 손질을 해야 했다. 밤새 땀을 흘리며 뒤척이다 보면 머리는 수세미처럼 엉기고 곤두서는데 드라이를 하지 않으면 도저히 다닐 수가 없었다. 조용한 아침에 드라이기를 켜고 머리를 손질하면 옆방에서는 곤한 잠을 깨었는지 밭은기침 소리를 내었다. 나는 이 소리에 찔끔 놀라 소리를 멈추곤 했다.

코넬의 태양은 너무도 강렬하여 간혹 캠퍼스에서 이례적으로 양산을 쓰고 다니는 일본 여학생들 무리를 볼 수 있었으나 아무리 양산을 써도 땅에서 반사되는 뜨거운 복사열을 막을 수가 없었다. 또 모자를 깊이 눌러 써도 목 뒤로 파고드는 햇빛의 파괴력은 피할 수가 없었다. 저녁이면 나의 피부는 벌겋게 화끈거려서 피부 보호를 위한 화장을 해야 했다. 그런데 옆방의 나의 동거자는 어떠한가? 새벽부터 부산하게 움직이는 나를 비웃듯 일곱 시가 넘어 거만하게(?)

기지개를 켜며 느지막이 일어나서 세수를 하고 나보다 먼저 식당에 도착하는 것이었다. 그녀는 화장에도 머리 손질에도 관심이 없는 듯 대충 얼굴만 씻고 달려왔다고는 믿어지지 않을 만큼 산뜻한 모습으로 동료 남자들과 담소하며 식사하고 있었다.

그녀 머리 위로 마구잡이로 입었을 법한 구깃구깃한 티셔츠에 바지 차림인데도 언뜻 보면 신선해 보이는 점이 있었다. 그것은 그녀의 타고난 복이었다. 머리는 생전 퍼머나 드라이를 할 필요가 없이 숱이 적은 반 곱슬이었고 얼굴은 맑고 흰 피부인데 어쩌자고 햇볕에 그을려서 얼룩이 지는 일이 없어 보였다. 그리고 몸매는 어떤가? 우리 중년 여성의 영원한 이상형인 엉덩이와 배가 밋밋한 홀쭉한 몸매였다. 그녀는 늦은 저녁에도 동료들과 맥주나 음식들을 즐겨 먹는 것이 여러 번 목격되었는데 살찌는 것에는 신경을 쓰지 않아도 되는 것 같았다. 그런 그녀가 내게 도도할 정도로 멋있게 보였다.

상황을 더욱 악화시킨 것은 내 엄지손가락의 통증이 갈수록 심해 온 것이다. 어느 날 오후 강의를 듣다가 더 참을 수가 없어서 나도 모르게 벌떡 일어나 사무실로 뛰어 갔다. 결국 주말에 문을 닫기 직전의 캠퍼스 클리닉으로 뛰어 가서 적지 않은 비용을 내고 삔 손가락에 간이 석고붕대를 감고 약을 타오게 되었다. 한동안 나는 압박붕대를 칭칭 감은 손으로 인해서 주위 사람들의 인사를 받으며 다녀야 했다.

이런 저런 일로 의기소침해진 나에게 그녀가 결정타를 날려 KO

시키는 일이 일어났다. 어느 오후 강의실에 자리를 잡으러 들어갔을 때 아직 그 전 강의가 끝나지 않아 남은 청중들과 새로 들어오는 청중들로 어수선하였다. 질문을 하려는 사람들은 아직도 강의자를 둘러싸고 있었는데 놀랍게도 그 가운데에 바로 그녀가 질문을 받고 있었던 것이다. 그렇다. 그녀는 컨퍼런스(Conference)에 참가하러 온 교수가 아니라 강의를 하러 온 교수였던 것이다! 그녀의 분야는 내 분야가 아닌 통사론 분야여서 그녀의 이름을 미처 몰랐던 것이다. 강의실 분위기로 보아 그녀의 강의는 꽤 인지도가 있는 강의라는 것을 단번에 파악할 수 있었다.

멋모르고 지금껏 그녀를 상대로 사소한 것들을 비교하였던 것은 나의 순진한 실수였다. 화장하기, 드라이하기 등에 소비하는 시간을 비교하며 어설프게 그녀와의 우열을 가렸던 것은 정말 웃기는 일이었다. 그녀는 영어 구사력에 어려움이 없는 이민 2세였고, 국제학술대회 때마다 한국 학생들이 "중국에는 세계적 통사론 학자 황(Hwang)이 있고 일본에는 사이토(Saito)가 있는데 한국에는 누가 있느냐?"며 자조하듯 말하던 바로 그 유명한 황(Hwang)의 제자였던 것이다.

결정적인 장면을 목격하게 된 나는 못나게도 열등감 같은 것을 느끼게 되었고 지난 세월의 일들에 대해서 갑자기 불만이 폭발했다. 수십 년 동안 영어를 했으면서 왜 우리는 국제학회에서는 그들처럼 지껄일 수가 없고 조심스러워지는가? 5남매의 셋째 딸이었던 나는 요셉과 같은 사랑을 받았던 막내인 남동생에게 유학의 기회를 양보해야만 했다. 남동생은 집을 처분한 돈으로 미국 유학을 갔고 박사 학위를 받은 후 신시내티 대학의 교수가 되었고 나는 결혼하여 아이를 기르면서 힘들게 공부해야 했다.

대학에서 교수직을 잡은 후에도 같은 직종에 있었던 남편은 저녁에 신문 보며 유유자적하거나 혹은 책상 앞에 앉아 공부할 때 나는 집안 일로 몇 시간을 더 동동거려야만 했다. 아이들이 한참 자라고 파출부가 들락거리던 70년대를 나는 왜 우리나라에는 북한처럼 밥 공장이나 김치 공장이 없을까, 요즘은 웬만한 것은 다 사 먹을 수 있지만 하고 한탄하며 일했었다. 살림의 책임을 여자만이 져야 하는 현실에서는 학문의 선두는 항상 남자 교수가 자리할 수밖에 없었다.

그뿐이랴? 아무리 몸이 피곤해도 집안을 깨끗이 청소를 하고 외모를 단정하게 하고 난 후라야 책을 읽어도 집중이 되는 습성도 문제였다. 그러나 집안을 정리하고 몸 매무새를 가다듬는다는 것은 내게 있어 단순한 정리가 아니고 이제부터 내 일을 하겠다는 굳은 의지의 표명이고 정신적 준비 운동이었다. 싱크대 위에 접시가 쌓이고 바퀴벌레가 집안을 설설 기어 다녀도 책에 몰두할 수 있는 집중력은 처음부터 나와는 인연이 먼 것이었다. 결국 지난 세월을 나는 주부도 교수도 아닌 어정쩡한 자세로 지나온 것이다. 여지껏 그렇게 살아왔고 당연스럽게 여겨졌던 점들이 옆방의 중국계 여교수와 비교되면서 갑자기 초라하게 느껴졌으며 열등한 내 처지를 스스로에게 변명하기에 바빴다. 정말 이런 기분은 고약한 것이었다.

　얼마간의 시간이 지나자 조금도 기죽을 것 없다는 오기가 내 안에서 고개를 쳐들기 시작했다. 세상에 모든 사람들이 같은 조건에서 살 수는 없는 것이다. 나는 내 식대로 살아야지 남을 모방할 필요는 없는 것이다. 저녁이면 나는 운동화를 신고 코넬 교정을 약 40분간 뛰었다. 컨퍼런스에서 스트레스를 받으며 매 끼니마다 식당의 뷔페를 먹다보면 3킬로 정도는 쉽게 불어난다. 우리는 이것을 '컨퍼런스 비만'이라고 부르는데 중국계 여교수와 같이 예외인 사람들이 있지만 대개는 늘어난 무게로 후유증을 겪는다. 나는 어둑어둑해 올 때 기숙사에서 출발하여 숲 속 막다른 곳에 위치한 빈 건물인 흰색의 퓨어트 관망탑 앞을 돌아서 다시 기숙사 주변 숲 속을 뛰었다. 그 시간이면 운동장에서 농구를 하던 학생들은 사라지고 텅 넓은 교정에 쿵쿵 울리는 내 발소리를 들으며 혼자 뛰었다. 나는 눈물같이 찐득거리는 땀을 흘리면서 아련히 기숙사 응접실에서 책을 읽는 학생들과 담소하는 사람들의 모습을 멀리 바라보면서 뛰었다. 이 운동은 편린에 휘말리게 하는 코넬의 염력으로부터 나를 빼내기 위한 극기훈련이기도 했다.

　어느 날에는 캠퍼스 경찰의 정중한 인사를 받은 적이 있었다. 이들은 늦은 시각에 별로 젊지도 않은 동양 여자가 혼자 뛰는 것을 기이하게 여긴 것 같았다. 이후 비슷한 시간에 어김없이 이 한 쌍의 경찰과 인사를 주고받는 것이 의례적인 것이 되었는데 아마도 이들의 점검 일지에는 저녁마다 뛰는 이름 모를 동양여자의 안전을 점검하는 일이 포함되어 있었는지 모른다. 나는 서서히 마음의 평정을 되찾아 갔다.

4주가 지나 코넬을 떠나오면서 "죽지 않고 살아 나가게 되는 것만도 다행이에요"라고 주위 사람들에게 말했는데 그들은 내가 손가락 부상 때문에 이 말을 한 것으로 알았을 것이다. 뉴욕 공항에 마중 나온 조카에게 코넬의 경험을 이야기하자 "앤티, 코넬은 허러블(끔찍)해요. 코넬의 유명한 자살 다리를 아세요? 학생들이 공부 스트레스 때문에 자살하는 곳이에요"라고 말했다. 어쩐지 다리 위를 건너 강의실에 갈 땐 더 힘들었었지. 그리고 공부만 지독하게 시키고 주변 도시의 오락이 없고 섬처럼 떠있는 폐쇄된 코넬에서 학생들은 자칫 다리 위에서 몸을 던질 수도 있겠구나 생각이 들었다. 이런 것도 모르고 나는 코넬에 간 것이다. 정말 그 끔찍한 코넬의 손아귀로부터 잘 빠져 나왔구나 안도의 한숨이 나왔다.

생각하면 코넬은 나의 고질병을 고쳐준 곳이기도 했다. 음성학의 거장 라드포기드 교수의 "위기에 처한 언어"의 강의는 내게 큰 감명을 주어 〈지구촌 언어여행〉을 집필하게 된 동기가 되었다. 열병을 앓으면서 강의를 받은 그 곳이 아니었다면 그렇게 절실하게 책을 쓰고 싶은 마음이 없었을 것이다. 그 해 여름 서울도 찌는 듯한 더위였으나 그 어느 때보다 편안한 마음으로 글을 쓸 수 있었다. 이미 감당못할 과욕들은 간단없이 가지치기한 후였으므로.

날개의 추억

 '옷이 날개다'라는 말이 있다. 나는 이것이 우리나라 고유의 속담인 줄로 알았다. 그러나 1874년 독일계 스위스 작가인 코트프리트 켈러가 〈옷은 날개다〉라는 제목의 작품을 썼으며 겉모습만을 중시하는 당시의 세태를 풍자하는 작품이란 것을 알게 되었다. 세계적인 추세가 비주얼을 중시하는 방향으로 흘러서 사람을 판단할 때 본모습보다는 겉차림에 중점을 두는 일이 보편화되어 가고 있다. '말쑥한 복장은 좋은 소개장'이라는 영국의 속담이라든가 '옷보고 절한다' 라는 프랑스의 속담도 같은 맥락이다.

 내게는 어린 시절 옷에 대한 아릿한 추억이 있다. 당시 나는 현재 종로구청 자리에 있던 수송초등학교 2학년이었는데 학예회에서 독창으로 뽑힌 일이었다. 해방 직후여서 모든 것이 어려웠던 시절이어서 어머니가 치맛바람으로 학교에 담임을 만나러 온 적도 없었고 순전히 담임선생님의 판단으로 뽑혔으니 아마도 내 실력으로 뽑힌 것 같았다. 그런데 문제는 학예회에 입고 나갈 복장이었다. 새로 양복을 맞추기는커녕 평소에 입고 다니던 검은 치마에 흰 저고리가 전부였다. 그래도 독창에 나간다고 어머니가 비단으로 치마를 새로 만들어 주셨다.

그런데 하필이면 치마 앞쪽에 좀이 슬어서 조그마한 구멍이 난 것이 발견되었다. 어머니는 그 부분을 검은 헝겊으로 기워 주셨는데 기워진 부분이 눈에 잘 보이는 앞을 여미는 곳이어서 신경이 쓰였다. 어린 마음에 이 기워진 부분이 남의 눈에 띄면 어쩌나 걱정이 되어 항상 이 부분을 한 손으로 뭉쳐 쥐고 다녔다. 차라리 그냥 다니면 모를 터인데 한 손으로 기운 부분을 쥐고 다니니 오히려 남의 시선을 끌 것은 분명한데 어린 나는 그것을 이해하지 못하였고 기워진 치마를 입은 것만이 그저 부끄럽기만 하였다.

무대에 서서 총연습을 하는 날도 나는 이 기운 부분을 뭉쳐 쥐고 무대에 섰다가 "그 치마에는 무엇이 있길래 잔뜩 쥐고 있느냐?"는 선생님의 꾸지람을 듣고야 간신히 치마를 모아 쥔 손을 놓고 똑바로 서서 노래 불렀다. 기워 입은 치마를 입어서 사기가 떨어져서인지 나는 노래를 별로 잘 부르지 못했다는 기억이 든다. 내 기억에도 선생님이 노래 연습 중에 너무 힘이 없이 한다고 꾸중도 여러 번 하셨는데 독창할 아이를 잘못 뽑았다고 후회하는 눈치도 보였던 기억이 난다.

선생님은 중도에 나를 하차시킬 수도 있었는데 그렇게 하지 않은 것만 보아도 자기 선택을 끝까지 끌고 가는 훌륭한 선생님이셨고 고마운 분이셨다. 은혜도 모르게 나는 그렇게 나를 귀여워해 주셨던 선생님의 성함을 지금 기억도 못할 뿐 아니라, 내가 다니던 초등학교가 폐교가 되었으니 어디 사시는지도 모른다. 지금 살아 계신다면 찾아가 뵙고 그 때 노래를 잘 부르지 못한 것은 순전히 기워 입은 치마 때문이었다고 말씀드리고 또 사과드리고 싶은 심정이다.

내가 대학 4학년 2학기 졸업을 앞둔 겨울, 나라 경제도 우리 집의 사정도 춥고 어두웠던 때였다. 집의 아버지는 개업 의사였으나 고혈압으로 쓰러지셔서 몇 년간 수입이 없으셨다. 대학까지는 오빠와 언니의 도움으로 간신히 졸업하게 되었으나, 졸업 후 경제적 독립을 위해서 필사적으로 취직자리를 물색해야 했다. 당시 여성으로 중고등학교 영어 선생으로 취직을 한다면 최고의 성공으로 생각되던 때였다. 영문과 과장 선생님에게 여학교 교사 취직자리를 다른 학생들과 함께 신청하였다. 취업 인터뷰 등을 위해서는 연락처를 남겨야 했는데, 영등포에서 학교로 기차 통학을 하고 있었던 나에게는 집에 전화가 없어서 취업난에 서울에 사는 친구 집 전화를 연락처로 남겼다.

어느 날 학교에 등교하자 선생님께서는 당일 오후에 이대부속중학교 영어 교사 면접이 있다고 하시면서 나를 포함한 또 한 명의 후보를 뽑으셨고 두 사람에게 전날 모두 전화로 준비하도록 연락하였다고 하셨다. 그러나 친구의 집 전화를 연락처로 남긴 나는 연락을 받지 못하고 다음날 오후 부속중학교 교장과의 면접에 준비 없이 임하게 되었다. 그 날 오후 다른 한 명의 영문과 동기생인 P와 함께 부속중학교 교장실에 가게 되었다. 교장실에 들어서자 P는 우아하게 자신 있는 모습으로 오버코트를 벗고 앉았다. 그러나 나는 오버코트를 벗을 형편이 되지 못하였다. 속의 옷은 집에서 입는 막 옷을 입고 갔었기 때문에 벗고 싶어도 벗을 수가 없었다. 난방이 안 된 당시로서는 코트를 입고 다니면 되었지 특별한 경우가 아니면 어느 곳에서도 코트를 벗는 일은 없었다. 미리 알았더라면 안의 옷을 잘 챙겨 입고 갔을 것을 후회가 막심하였다.

대학교 4년을 다니는 동안 옷을 사 입을 형편이 못 되어서 당시 무역회사에 다니던 작은 언니가 벗어 놓은 헌 옷을 대물림으로 얻어 입는 정도였으며, 언니의 몸매는 나보다 더 가늘어서 나는 안 맞는 옷을 간신히 입을 정도였다. 그것이 습관이 되었던지 그 이후부터 지금까지 나는 옷을 몸에 꼭 맞게 입고 단정하게 입는 것이 버릇이 되었다. 일 년을 단지 몇 벌의 옷으로 항상 부지런히 빨아 입고 다녔으며 겨울에는 큰 언니가 미국으로 유학 갈 때 벗어 놓고 간 자주색 코트의 겉감이 너무 낡았었기 때문에 뒤집어서(우라카이) 만든 코트로 겨울 내내 버티었을 정도였다. 겉에 입는 코트만 멀쩡했으면 됐지 속에 무엇을 입느냐는 감히 생각도 못했던 당시였다.

그러니 P가 교장실 면접에 앞서 우아하게 오버 코트를 벗는 것은 소위 서양 영화에나 나올 법한 것으로 참으로 멋진 에티켓이었음에 틀림없었다. P는 학교 성적은 나보다 못했으나 잘 나가는 변호사의 외동딸이었고 성격 또한 활발하여서 학생활동도 많이 하였다. 자신 있게 겉옷을 벗는 P의 기세에 나는 경쟁자로서 패배를 당한 느낌이었다. 이 결정타는 예상대로 적중하여 나는 영어선생 후보자에서 떨어지고 P는 합격되어 원하는 중학교 영어선생이 되었다. 물론 교사가 되려는 학생들의 필수 과목인 교과목 선택을 그는 하였었고 나는 하지 않은 것도 원인이기는 했으나, 이 교과목 선택이 사립학교에서는 필수적인 것은 아니라고 하였다. 지금도 생생히 내게 각인된 것은 면접의 첫 코스에서 옷을 제대로 갖추지 못하고 코트를 벗을 수 없었던 대목에서 낙제점을 받았다는 기억이다.

이제 와 생각해 보니 옷차림에 주눅 들 필요는 없었다. 또 낙방하였다고 좌절할 것까지도 없었으니 이 경험이 그 후 업그레이드된 새로운 기회를 향해 도전하는 계기를 만들어 주었기 때문이다. 대학 졸업 시 나의 목표는 고등학교 내 '모교의 영어 선생님'이 되겠다는 것이었다. 교수가 되겠다는 생각도 있었으나 집안의 경제 사정으로 유학길에 오를 수 없었기 때문에 그 꿈은 일찍이 접었었다. 그러나 15년 후 우리가 다시 만났을 때는 나는 이미 대학의 조교수로 자리 잡고 있었으나, P는 미국에서 귀국하여서 열심히 강사 자리를 물색하고 있었다. 내가 한창 KBS에서 인기리에 영어 회화를 방송하고 있었을 때 그는 내게 영어 방송 자리를 알아봐 달라고 부탁하게 되었다. 인생의 긴 여정으로 볼 때 옷이란 순간적인 날개에 불과하고 스폿 라이트가 비추는 동안은 빛나지만 모양만 날개일 뿐이지 정작 날지도 못하며, 조명이 꺼지면 남겨진 것은 자신의 실체이고 그때부터는 자신이 온 힘을 다해 달려가야 한다는 것이 인생이다.

'내 것이 아니다'의 질문에 대한 후기

몇몇 분들이 〈골드 위도〉의 결론과 같은 마지막 수필 '내 것이 아니다'에서 미국 백화점에서 돈을 꾸어 주는 제도가 있느냐는 질문을 하시는 분이 있었다. 백화점에서 여권, 카드, 현금과 돌아갈 비행기 표까지 몽땅 소매치기를 당해서 알거지 신세가 되었었다. 그래도 상당히 고급 백화점으로 여겨지는 곳에서 매달릴 곳은 백화점뿐이었다. 그러나 백화점에서 아무리 피해자라고 해도 돈을 꾸어주는 제도는 없다는 것을 익히 알고 있기는 했다. 내 수필 '내 것이 아니다'는 너무 긴 분량이어서 거의 1/3로 줄여서 자세한 설명을 못해드린 것이다.

사실을 말하자면 돈을 꾸기는 했지만 백화점에서 꾸어준 것이 아니라 백화점 직원인 Kenneth Kim이라는 개인에게서 꾼 것이다. 자기네 백화점에서 피해를 입었으니 돈을 꾸어 달라고 나는 요구하였다. 사고무친의 땅에서 이틀 후에 출국하게 되어 있는데 그때까지 살아나기 위해서는 이 방법밖에 없다고 생각했다. 백화점 측이 자기네 백화점에서 소매치기의 피해를 입은 외국인에게 매우 친절하였기 때문에 이런 용기가 생겼던 것이다.

그들은 내가 묵고 있었던 호텔과 한국 내 예금이 들어 있는 은행에 전화를 걸어서 나의 여권번호, 신분 등을 다 알았기에 한국에 가서 갚을 터이니 꾸어 달라는 말이 나왔던 것이다. 그때 나를 담당한 직원이 한국계인 Kenneth Kim이었는데 한국말은 못 하였으나 어머니가 한국인이라고 하였고 백화점에서는 안전을 담당하는 직원으로 앞으로 경찰(cops)에 지원할 것이라고 했다. 사실은 작년 경찰시험에 낙방하여서 다시 재도전을 준비하고 있다고 하였다. 그는 백화점 매니저에게 가서 돈을 꾸어 달란다는 나의 말을 전했고 백화점 측은 그런 제도가 없다고 곤혹스러워하고 있었다. 이때 Kenneth Kim이 자기가 개인적으로 꾸어주겠다고 자청하였고 백화점은 증인을 서는 형식을 취하였다. 얼마나 필요하냐고 하기에 사실 더 빌리고 싶었지만 미안하여서 100불만 꾸겠다고 대답하였다. 그는 얼마나 용의주도하였는지 10불짜리, 5불짜리, 일불짜리 등으로 100불을 꾸어 주었다.

결국 100불의 돈이 임시 여권 재발급 등 이틀을 지나기에는 모자라 배고픔을 참는 과정에서 '이 세상에서 나의 소유는 결국 내 것이 아니다'라는 깨달음 얻게 되었다. 한국에 돌아오자 나는 곧 그에게

200불을 부쳐 주었다. 곤경에서 나를 구해준 어머니가 한국인인 미국 청년에게 100불을 더 준다고 해도 과한 돈은 아니었다. 정말 고마웠다. 크게 보아서도 결국은 지상의 내 돈이 '내 것이 아니다'라는 생각이 들기도 했다. 곧 그에게서 답신이 왔는데 두 배로 갚은 일 때문에 직장에서 화제가 되었고 자신의 어머니도 자신을 자랑스럽게 여기셨고(She is proud of me.) 직장 상사도 역시 자기를 자랑스럽게 여기고 있다고 썼다. 그는 나에게 미국에 오면 꼭 자신의 백화점에 들르라고 신신 당부하였다.

이럭저럭 시간이 지나 3년 후에야 LA를 방문하게 되었고 나는 노드스트럼 백화점을 찾아 갔다. 그러나 그는 이미 그곳을 그만 두었고 (아마도 그렇게도 원하던 경찰관이 되었으리라고 생각한다) 아무도 그가 그만 두었다는 것은 아는데 어디로 갔는지는 모른다고 했다.

그를 만나지 못한 것이 못내 서운하기는 하였으나 나머지 직원들에게 자초지정을 얘기하였고 내 곤경을 구해준 Kenneth Kim에게 감사한다고 말하자 그들도 감동하는 반응을 보였다. 친절한 나의 은인은 지금도 어디에서인가 곤경에 처한 사람을 배려하는 마음으로 봉사하고 있으리라고 생각하니 마음이 흡족하였다.

우울증의 선물
초판 1쇄 발행 2016년 5월 3일

지은이 상순성
펴낸이 윤형두
펴낸곳 종합출판 범우(주)

등록번호 제 406-2004-000012호(2004년 1월 6일)
     413-120 경기도 파주시 광인사길 9-13 (문발동)
대표전화 031)955-6900, 팩스 031)955-6905

홈페이지 www.bumwoosa.co.kr
이메일 bumwoosa@chol.com

ISBN 978-89-6365-144-6 03810

＊잘못된 책은 바꾸어 드립니다.
＊이 도서의 국립중앙도서관 출판시 도서목록(CIP)은 e-CIP홈페이지
(http://www.nl.go.kr/cip.php)에서 이용하실 수 있습니다.
(CIP제어번호 : CIP2016010689)